UN CAS DE CENSURE DANS LA SCIENCE

DU MÊME AUTEUR

Enfants de travailleurs manuels adoptés par des cadres
(en collaboration avec Duyme, Dumaret et Tomkiewicz)
INED/PUF, 1981

L'Intelligence gaspillée : inégalité sociale, injustice scolaire
Éditions du Seuil, 1982

Éducation and Class : the Irrelevance of IQ Genetic Studies
(en collaboration avec Lewontin)
Oxford University Press, 1986

L'Homme occulté : le citoyen face au scientifique
Éditions ouvrières, 1992

TRADUCTION TECHNIQUE

Max Born, *Structure atomique de la matière,*
Armand Colin, 1971

MICHEL SCHIFF

UN CAS DE CENSURE DANS LA SCIENCE

L'affaire de la mémoire de l'eau

Albin Michel

22, rue Huyghens, 75014 Paris.

ISBN 2-226-07511-9

— Elle est bien belle, votre planète. Est-ce qu'il y a des océans ?
— Je ne puis pas le savoir, dit le géographe.
— Ah ! (Le petit prince était déçu.) Et des montagnes ?
— Je ne puis pas le savoir, dit le géographe.
— Mais vous êtes géographe !
— C'est exact, dit le géographe, mais je ne suis pas explorateur. Je manque absolument d'explorateurs. Ce n'est pas le géographe qui va faire le compte des villes, des fleuves, des montagnes, des mers, des océans et des déserts. Le géographe est trop important pour flâner. Il ne quitte pas son bureau...

Le Petit Prince, Saint-Exupéry.

Introduction

Y a-t-il un chercheur curieux dans la salle ?

Certains termes agissent sur les scientifiques de la même manière qu'un chiffon rouge sur un taureau. « Dilutions homéopathiques » et « mémoire de l'eau » font partie de ces expressions capables de transformer un paisible chercheur en un adversaire furieux. Ce livre est un témoignage à propos d'expériences scientifiques sur la mémoire de l'eau et sur la façon dont ces expériences ont été reçues jusqu'ici par la plupart des scientifiques.

Comme chacun sait, la médecine homéopathique fait appel à des solutions tellement diluées qu'il ne reste en principe plus de molécules actives. Le fait qu'un chercheur expérimenté confirme que l'eau peut effectivement se « souvenir » de contacts avec certaines molécules actives produisit des réactions d'une violence extrême. Ces réactions ont conduit à l'affaire Benveniste, du nom de celui qui a dirigé des recherches sur la mémoire de l'eau dans un laboratoire de l'Institut National de la Santé et de la Recherche Médicale (INSERM).

Dans un livre sur les accidents d'avion, un commandant de bord qui est aussi instructeur écrit : « Si un jour un pilote vous dit qu'il ne fait pas d'erreur, un conseil : ne montez pas avec lui, il est dangereux. » Au début d'un livre qui porte sur un sujet très controversé, je formule un avertissement analogue à propos des chercheurs. Si un jour un chercheur vous dit qu'il est « objectif », qu'il ne cherche que la « vérité scientifique » et qu'il s'en tient toujours aux « faits », un conseil, méfiez-vous de lui : c'est un scientifique dangereux, qui se ment à lui-même et qui donc vous trompera, en toute bonne foi positiviste. Je suis moi-même chercheur et je ne prétends pas que mon témoignage sur la mémoire de l'eau et sur la censure scientifique soit totalement « objectif ». Mais j'espère que la conscience que j'ai de ma propre subjectivité m'a été utile dans l'enquête rapportée ici, en tempérant les effets de cette inévitable subjectivité.

Venant d'un scientifique, le langage que j'utilise dans ce livre pourra surprendre. En effet, il m'arrive d'avoir recours à des métaphores, à l'humour, à l'ironie et même à des expressions polémiques. Je pense que la neutralité apparente du langage universitaire habituel n'est en rien une garantie d'objectivité. Ce langage codé présente l'apparence de l'objectivité, ce qui n'a pas grand-chose à voir avec l'objectivité elle-même. En ce qui me concerne, j'ai voulu que les analogies, l'ironie ou même la polémique soient des compléments ou des soutiens d'une pensée rationnelle, sans pour autant remplacer l'argumentation.

En 1988, quand le journal *Le Monde* évoqua la polémique sur la mémoire de l'eau, je fus vivement intrigué. L'année suivante, ma curiosité fut ravivée par l'émission de télévision « Océaniques » consacrée à ce sujet. Dans cette émission, un physicien de l'université d'Orsay avait le rôle ingrat de défendre l'indéfendable, à savoir le comportement du personnage mythique appelé la « communauté scientifique ». Ses interlocuteurs, dont aucun n'était scientifique, m'ont paru avoir une position plus juste en disant : « Nous ne sommes pas compétents pour prendre position sur les aspects purement techniques de la querelle, mais la façon dont celle-ci a été menée nous paraît suspecte. »

Tout en pensant que Benveniste se trompait sans doute, je fus rapidement frappé de la frilosité de mes collègues, dont l'attitude pouvait se résumer en quelques mots : « Je ne veux pas le savoir ! » Je décidai alors d'étudier la littérature scientifique correspondante. Après avoir rendu compte de cette étude, je suis passé à une autre recherche.

En mars 1992, je suis revenu à la mémoire de l'eau. Un peu plus tard, le 7 septembre, je me trouvais à l'Institut Pasteur où le docteur Jacques Benveniste exposait ses travaux récents. Depuis quelques mois, j'étais en contact avec lui et je participais à l'occasion à une recherche sur la transmission d'une propriété chimique qui semble se faire sans transport de matière.

Au cours de l'exposé, Benveniste cita la théorie de deux physiciens italiens. En ce qui concerne l'eau, cette théorie prédit que les molécules d'eau s'organisent en « domaines cohérents » dans lesquels s'ordonnent quelques millions de molécules. Ce sont ces domaines organisés qui pourraient être le support physique de la mémoire de l'eau. Benveniste sembla dépasser les limites de ce que son auditoire pouvait supporter quand il parla d'expériences nouvelles, suggérant qu'il serait possible de transporter une activité chimique sans transporter les molécules correspondantes. À ce moment, un chercheur explosa.

J'appris plus tard que ce chercheur est le petit-fils de Jean Perrin, le physicien qui a tant œuvré pour faire admettre la théorie atomique en France. Cet homme fut-il inspiré par les mânes de son grand-père ? Toujours est-il qu'il cria : « Monsieur, vous êtes fou, vous nous prenez pour des cons, le coup des rayons N et celui des rayons mitogénétiques on nous l'a déjà fait ! » Par ses invectives, il transgressait un des tabous les plus forts du milieu scientifique. En apparence, on s'interdit toute attaque personnalisée, que pour faire savant on nomme attaque *ad hominem*.

Comment allait réagir l'auditoire ? Il ne dit rien, l'auditoire, trop content que quelqu'un dise tout haut ce que beaucoup pensaient tout bas. Sans se départir de son calme, Benveniste fit remarquer à son agresseur qu'il était venu échanger des informations scientifiques, pas des insultes. Il signala aussi que, la psychiatrie relevant du domaine médical, celui qui l'interpellait pourrait être poursuivi pour exercice illégal de la médecine. Jacques Benveniste venait de marquer un point. Mais était-ce vraiment la question ?

Benveniste dit plusieurs choses, aussi dérangeantes sur le plan scientifique que sur le plan sociologique. Sur le plan scientifique, il dit avoir observé des phénomènes inexplicables par les théories actuelles. Il dit par ailleurs que c'est ce manque d'explication qui fait l'intérêt de ses découvertes : celles-ci devraient amener les théoriciens à réévaluer leur savoir. Sur le plan sociologique, il prétend que le refus des chercheurs d'entrer dans un vrai débat scientifique est un symptôme du dysfonctionnement de la recherche officielle. Si je n'ai pas exactement la même analyse que Benveniste sur la nature de ce dysfonctionnement, les faits que je décris dans la deuxième partie du livre vont bien dans le sens d'une censure et d'une autocensure.

Les arbres de l'affaire Benveniste ont caché la forêt de la mémoire de l'eau. Il est tellement plus facile d'attaquer la personne de Benveniste (ou de la défendre) que de se faire une opinion raisonnée sur la mémoire de l'eau et sur le fonctionnement de la recherche scientifique ! Un proverbe chinois dit que, quand un homme montre la lune du doigt, le sot regarde le doigt et le sage regarde la lune. Nous essaierons d'être sages.

Paris, avril 1994

PREMIÈRE PARTIE

L'eau, cette inconnue

Et si c'était vrai ? Cette question en apparence banale est en fait d'une complexité extrême. Dans les cas ordinaires, nous avons bien notre catéchisme scientifique qui nous recommande de suspendre notre jugement et de nous en remettre aux « faits ». Dans les cas difficiles, ce catéchisme est de peu d'utilité.

Faire abstraction de ce que l'on sait, ou plutôt de ce que l'on croit savoir, est en réalité fort difficile. Suspendre son jugement obligerait à faire dans notre esprit un vide sélectif, à oublier, non pas tout ce que nous avons appris, mais ce qui, dans nos théories, fait momentanément obstacle à la perception de faits inattendus. Pour s'en remettre aux « faits », il faudrait pouvoir les séparer de leur interprétation, ce qui est une tâche extrêmement complexe, voire impossible.

Avant de commencer mon étude sur le terrain, je savais combien il est difficile de se situer de façon juste dans une querelle scientifique sur laquelle on enquête. J'espérais toutefois trouver un bon équilibre entre la nécessaire relation de confiance avec mes informateurs et la nécessaire distance critique.

Il m'était apparu que, si je venais voir Benveniste et ses collaborateurs dans un état d'esprit soupçonneux, pour mener une enquête de type inquisitorial (comme les enquêteurs de la revue *Nature* qui avaient déclenché l'affaire), je n'arriverais à rien et l'essentiel des processus m'échapperait. Même si j'évitais d'être rapidement expulsé, je ne parviendrais pas à acquérir les informations indispensables à une réelle compréhension. C'est pourquoi j'avais décidé de tenter une recherche participante : en échange d'une aide à la recherche en cours, j'obtiendrais des informations sur cette recherche.

J'ai rapidement pris conscience du danger d'une identification avec Benveniste. Cette identification risquait de m'amener à confondre mes propres démêlés avec l'institution scientifique et ceux de Benveniste ou à fantasmer un prix Nobel par procuration. Pendant l'année 1992-1993 (qui couvre l'essentiel de mon enquête), je ne suis venu à Clamart que deux fois par semaine en moyenne, généralement le lundi et le jeudi. Le reste du temps, je l'ai passé à examiner des documents. J'ai aussi réservé du temps pour réfléchir et prendre de la distance par rapport aux recherches dans lesquelles j'avais décidé de m'impliquer.

C'est ainsi que j'ai participé régulièrement à la Maison des Sciences de l'Homme à un séminaire de sociologie intitulé « Épistémologie et éthique de la sociologie. Subjectivité et objectivité : apports et limites ». J'ai également participé à certains des séminaires du Centre de recherche en histoire des sciences et des techniques qui se trouve à La Villette.

Enfin, j'ai rencontré régulièrement Isabelle Stengers pour des réunions de travail. J'ai eu ainsi l'occasion de bénéficier de son savoir encyclopédique, de sa capacité à aller à l'essentiel et de son effort de justesse dans le rapport à la critique scientifique. Par ailleurs, je lui dois d'avoir attiré mon attention sur le fait qu'il ne s'agissait pas d'une controverse scientifique, au sens traditionnel du terme : il n'y avait pratiquement pas eu de vrai débat scientifique, mais seulement des polémiques. Cet éclairage m'a paru judicieux et je l'ai fait mien. Par les témoignages que j'apporte dans ce livre, je me suis fixé pour premier objectif de contribuer à sortir le débat scientifique sur la mémoire de l'eau de sa clandestinité honteuse.

Chapitre premier

Anomalies de toutes les disciplines, unissez-vous !

Plusieurs groupes de scientifiques ont récemment observé en laboratoire une activité biologique de certaines solutions qui avaient été si souvent diluées qu'elles ne contenaient en principe plus de molécules actives. Bien qu'inexpliqué, ce phénomène ne constitue en rien un fait qui serait pathologique ou isolé. Au contraire, il s'agit d'une anomalie parmi d'autres, qui toutes mettent en cause les lacunes actuelles des théories scientifiques en ce qui concerne l'interaction entre l'eau, les champs électromagnétiques et la matière vivante.

L'énigme des dilutions homéopathiques

L'idée suivant laquelle la matière aurait une structure discontinue est très ancienne. Étymologiquement, le mot atome signifie « indivisible ». Dans l'Antiquité déjà, certains se demandaient ce qui se passerait si l'on fractionnait indéfiniment une substance. Arriverait-il un moment où la matière deviendrait « indivisible » ? Jusqu'au XIXe siècle, il s'agissait de spéculations plus que de théorie proprement dite.

Comme chacun de nous l'a appris au lycée, l'hypothèse atomique permet de rendre compte d'un grand nombre de lois empiriques, telles que la loi des proportions définies. C'est ainsi que, si vous répétiez l'expérience de Lavoisier en mélangeant de l'hydrogène à de l'oxygène pour fabriquer de l'eau, vous trouveriez toujours les mêmes proportions des deux gaz : 2 grammes d'hydrogène se combinent à 16 grammes d'oxygène pour former 18 grammes d'eau, dont la formule chimique s'écrit H_2O. Dans la théorie atomique, ces proportions définies renvoient à la structure discontinue de la matière. On se souvient aussi de l'hypothèse du chimiste italien Avogadro : dans un volume donné de gaz, on trouve le même nombre de molécules quel que soit le gaz. Dans les conditions ordinaires, un volume de 22,4 litres contient N molécules de gaz, N étant le fameux nombre d'Avogadro.

En 1913, la publication du livre de Jean Perrin intitulé *Les Atomes* apporta le coup de grâce aux combats d'arrière-garde de ceux qui persistaient à considérer la théorie atomique comme une spéculation philosophique, dont un savant positiviste devrait se méfier pour s'en tenir aux seuls « faits ». Dans son livre, Perrin montra que le nombre d'Avogadro devait bien correspondre à quelque chose puisqu'on le retrouvait dans l'étude de plusieurs phénomènes qui, en apparence, n'avaient aucun lien entre eux : la viscosité des gaz, le mouvement brownien de petites particules dans un liquide, la couleur bleue du ciel, etc. À partir de l'étude de divers aspects de ces phénomènes, on pouvait calculer le nombre d'Avogadro de treize façons différentes. Dans la limite des incertitudes expérimentales et théoriques de l'époque, on trouvait treize fois le même nombre (compris entre 6×10^{23} et $7{,}5 \times 10^{23}$ suivant les phénomènes analysés).

Bien que ce nombre d'Avogadro soit gigantesque (environ un million de milliards de milliards), il n'est pas infini. Considérons par exemple 18 grammes d'eau, qui contiennent $N = 6 \times 10^{23}$ molécules. En les divisant par 10, puis encore par 10, puis encore par 10, et ceci 23 fois, on finirait par aboutir à 6 molécules d'eau. Au vingt-quatrième fractionnement, on n'aurait plus assez de molécules pour continuer.

Ce fractionnement répété par un facteur 10 correspond à

une des pratiques homéopathiques. Supposons que dans un petit volume d'eau on ait au départ 10^{12} molécules d'un produit actif. Au lieu de fractionner ce mélange d'eau et de molécules actives, on le dilue chaque fois par 10. Pour diluer par 10, on prend un dixième de la solution initiale que l'on complète par neuf dixièmes du même volume d'eau pure. Après la première dilution, le petit volume de solution ne contient plus, en principe, que 10^{11} molécules actives. Il n'en contient plus que 10^{10} après la deuxième dilution, 10^{9} après la troisième, et ainsi de suite. À la douzième dilution, il n'y aura plus qu'une seule molécule active en moyenne pour chaque petit volume de cette dilution. À la dilution suivante, on n'aura plus qu'une chance sur dix de trouver une molécule active. À la vingtième dilution, il faudrait examiner cent millions d'échantillons de la dilution pour trouver une seule molécule active ! Toute l'énigme de la mémoire de l'eau se trouve dans ce paradoxe : un petit volume d'eau agit sur une cellule vivante, alors qu'en principe il ne contient plus une seule molécule du produit actif.

En apparence, donc, et je dis bien en apparence, la pratique homéopathique des dilutions répétées est en contradiction complète avec les idées modernes sur la structure atomique, c'est-à-dire discontinue, de la matière. On peut comprendre que les chercheurs aient préféré rejeter l'homéopathie dans les limbes de la superstition plutôt que de se fatiguer à examiner sérieusement cette « anomalie ». Ce faisant, ils adoptent à mon avis une attitude non scientifique. Au lieu de dire : « Nous ne comprenons pas, cherchons l'explication », ils disent : « Nous ne comprenons pas, donc c'est impossible. »

Lorsque, dans le milieu des années 80, un chercheur qui avait fait quinze ans plus tôt une découverte importante et universellement reconnue se mit à décrire puis à publier des travaux sur les effets biologiques de certaines hautes dilutions, on commença par faire la sourde oreille. Quand le résultat de ces expériences finit par paraître dans *Nature*, qui est la plus prestigieuse des revues scientifiques internationales, le conflit devint inévitable.

Nous examinerons dans la deuxième partie les procédés que les scientifiques ont mis en œuvre pour éviter de se poser la question dérangeante : « Et si c'était vrai ? » Un de ces procédés a consisté à crier au scandale : les expériences de l'Unité 200 de l'INSERM contrediraient tout ce que l'on avait appris en physique et en chimie depuis deux cents ans. En réalité, les chercheurs de l'Unité 200 (et des quelques autres laboratoires où les dilutions homéopathiques ont été étudiées) n'ont jamais prétendu mettre en cause la structure discontinue de la matière, pas plus que la théorie atomique ni le nombre d'Avogadro. Ces scientifiques se sont contentés de dire à leurs collègues : « Voici des observations qui, pour l'instant, sont sans explication, cherchons l'explication. »

Ce sont les détracteurs de la mémoire de l'eau qui ont agité le spectre de l'anarchie, suivant une stratégie sécuritaire maintes fois éprouvée dans le domaine politique (c'est moi ou le chaos). L'hypothèse suivant laquelle l'eau serait capable, dans certaines circonstances, de garder une trace du passage de certaines molécules biologiquement actives n'implique nullement la négation de la réalité moléculaire et atomique. Ce qu'implique par contre l'hypothèse de la mémoire de l'eau est la capacité à stocker de façon stable un message moléculaire spécifique et à le restituer, en l'absence des molécules qui sont à l'origine de ce message. Dans la perspective nouvelle, il n'y a pas négation de la réalité moléculaire mais introduction d'un niveau supérieur d'organisation de la matière condensée.

En 1994, personne à ma connaissance (et certainement pas Benveniste) ne prétend avoir une théorie précise de la façon dont l'organisation des molécules d'eau leur permettrait de garder la trace de l'information que contenaient d'autres molécules, puis de la restituer. Ce que quelques chercheurs prétendent, et c'est très différent, est que les théories actuellement admises sont défectueuses parce qu'elles sont incapables de rendre compte de divers phénomènes physiques, chimiques et biologiques qu'on se contente d'ignorer. De ce point de vue, la mémoire de l'eau n'est qu'une anomalie parmi d'autres, un signal d'alarme parmi d'autres. Le débat est ouvert. Plus exactement, j'essaie ici de contribuer à son ouverture à propos d'un certain nombre d'anomalies scientifiques relatives à l'eau.

Les mystères du biomagnétisme

Tout comme le mot « énergie », le mot « magnétisme » est utilisé à la fois dans un sens précis, technique ou scientifique, et dans un sens plus large. Dans le premier sens, le magnétisme renvoie à l'étude des propriétés physiques des aimants naturels ou artificiels, des champs magnétiques produits par ces aimants et de l'effet de ces champs. Le deuxième sens du mot magnétisme renvoie à ce que l'on appelait au XVIIIe et au XIXe siècle le magnétisme animal. Et là, on est en zone interdite, interdite au moins aux chercheurs. Les deux usages du mot magnétisme correspondent à deux mondes hermétiquement étanches : le monde scientifique avec ses codes, ses modes et ses techniques d'une part, le monde du commun des mortels, avec ses curiosités, ses intuitions et ses croyances, de l'autre. Malheur au scientifique qui tente de traverser cette frontière étanche !

Dans le cas du biomagnétisme, la situation a évolué récemment, du moins hors de France. Dans de nombreux pays, on peut maintenant étudier certains processus électriques ou magnétiques du corps humain et leur trouver des applications dans le domaine de la santé sans être pour autant exclu de la communauté scientifique. Cette démarche est encore très difficile chez nous, ce qui laisse évidemment une place vide pour les charlatans. Les chercheurs tirent argument du charlatanisme pour ne pas étudier certains phénomènes, alors que c'est leur politique de la chaise vide qui contribue au charlatanisme.

Dans plusieurs pays étrangers, des études épidémiologiques centrées sur certains groupes professionnels ou géographiques ont montré que des champs magnétiques et électriques de basse fréquence pouvaient avoir des effets sur la santé. En particulier, ces études ont mis en évidence l'effet de ces champs sur le développement de certains cancers. On étudie par ailleurs les effets de champs alternatifs dans des expériences de laboratoire. Ces recherches de laboratoire portent sur des systèmes biologiques *in vitro*, c'est-à-dire sur des cellules que l'on cultive et étudie dans des éprouvettes.

Deux indices montrent que les recherches qui concernent les effets d'un champ magnétique de très basse fréquence sur les cellules vivantes ont atteint une certaine maturité. Le premier indice est fourni par les congrès spécialisés tenus par les sociétés savantes traditionnelles. Le deuxième indice est fourni par ce que les scientifiques appellent les revues de question : quand les articles scientifiques sur une question commencent à proliférer, les chercheurs éprouvent le besoin de faire le point sur cette question.

Un congrès international récent qui était consacré aux effets des champs magnétiques et des champs électriques sur la matière vivante a réuni un millier de scientifiques. Dans ce congrès sur les phénomènes biomagnétiques et bioélectriques, la France n'était représentée que par trois chercheurs. La situation de la France n'est pas plus brillante en ce qui concerne les études épidémiologiques. Alors qu'à l'étranger on se soucie depuis de nombreuses années des problèmes de santé publique liés aux effets possibles des champs électriques et magnétiques, la France, elle, commence tout juste à se réveiller. Voulant connaître l'état des recherches sur cette question, l'EDF s'est adressée à l'Institut National de la Santé et de la Recherche Médicale. Les scientifiques qui avaient été nommés par l'INSERM pour écrire ce rapport n'ont pu fournir qu'une description des travaux... étrangers. Une fois de plus, les Français sont en retard d'une guerre.

À propos de l'EDF, je ne résiste pas au malin plaisir de raconter une expérience personnelle. En mars 1993, j'ai organisé avec Benveniste un séminaire de travail du groupe qu'il avait réuni pour tenter de placer les hautes dilutions dans leur contexte scientifique général. Un ingénieur de l'EDF y participa. Bravo, me suis-je dit : si le CNRS, l'INSERM et l'Université sont encore paralysés par le conformisme, d'autres au moins sont plus curieux. Las ! Pendant deux jours, l'observateur envoyé par l'EDF n'a pas posé la moindre question, si ce n'est concernant les participants. Il s'est comporté comme s'il avait été envoyé par les Renseignements généraux pour surveiller la réunion d'un groupe d'anarchistes. En rentrant à Paris avant la fin du séminaire, il a confié à un participant qu'il serait bien obligé de faire un rapport très circonspect : « Vous comprenez, je ne vais pas risquer de gâcher ma carrière pour un truc pareil. » Cet homme avait sur la plupart de mes collègues l'avantage de la lucidité et de la franchise.

Mais revenons aux études scientifiques du biomagnétisme. Contrairement à la mémoire de l'eau, qui n'a été étudiée que dans quelques laboratoires, l'étude des effets d'un champ magnétique alternatif sur la matière vivante est maintenant entrée dans la science officielle, du moins à l'étranger. Ces effets constituent la première des « anomalies » que j'évoquais plus haut, anomalie qui pourrait fournir des pistes intéressantes sur ce qui se passe dans l'eau à la frontière entre la physique, la chimie et la biologie.

À l'occasion de notre séminaire, la biologiste Yolène Thomas présenta une étude des revues de question sur les effets de champs de très basse fréquence sur certaines cellules biologiques. Pour la seule année 1992 et pour le seul journal de la Société américaine de biologie, elle a recensé quatre articles de synthèse relatifs aux effets des champs de basse fréquence sur le système immunitaire. Dans l'ensemble des articles cités par ces revues de question, je n'ai pas trouvé une seule référence à un auteur français.

Et pourtant, le domaine qui s'ouvre est passionnant, à la fois du point de vue scientifique et du point de vue médical. Pour s'en tenir d'abord au seul point de vue scientifique, les effets observés posent une énigme : comment un champ magnétique de très basse fréquence (50 ou 60 périodes par exemple) peut-il avoir un effet chimique ou biologique quelconque ? En principe, des champs d'aussi faible fréquence ne devraient avoir aucun effet décelable parce que les fréquences de vibration des atomes et des molécules sont des milliards de fois plus élevées que celles d'un champ de 50 ou 60 périodes.

Tout semble se passer comme si le champ agissait non pas sur une molécule mais sur un ensemble beaucoup plus gros, dont la fréquence de vibration serait beaucoup plus faible. Une comparaison avec des expériences familières pourra peut-être illustrer cette énigme des très basses fréquences. Pour accorder des instruments de musique, on utilise un diapason, qui est une petite pièce métallique oscillant à la fréquence de 435 vibrations par seconde. Si on utilise le même métal pour construire un pont, la fréquence de vibration sera beaucoup plus faible, de l'ordre de 1 par seconde. On sait que, si on applique à un objet une fréquence qui est voisine de sa fréquence propre, il entre en résonance, au point de pouvoir se casser. C'est pourquoi un règlement de l'armée interdit aux groupes de soldats de marcher au pas sur un pont suspendu pour éviter le risque de résonance. L'analogie avec un pont suspendu illustre deux points. Le premier est que la fréquence de vibration d'un objet décroît quand sa taille augmente. Le deuxième est que l'on peut modifier la structure de cet objet en agissant sur lui avec la fréquence appropriée.

En réalité, les atomes et les molécules n'obéissent pas à la mécanique ordinaire des objets usuels mais à une mécanique différente, qui est la mécanique quantique. La question de la fréquence d'un champ qui agit sur la matière vivante n'en représente pas moins un désaccord entre la théorie et l'observation. Le fait que des champs électriques ou magnétiques de très basse fréquence aient une action sur la matière vivante pourrait amener un jour les chercheurs à modifier certains aspects de leurs théories. Vraisemblablement, ils seront conduits à abandonner une vision essentiellement individuelle des atomes, des molécules ou des cellules qu'ils étudient pour aller vers une description plus globale. Cette vision plus globale implique l'existence d'effets collectifs, régis par une sorte de sociologie des molécules et des cellules dans laquelle le tout est plus que la somme des parties.

La communication moléculaire dans une cellule vivante

La plupart des chercheurs se consacrent à des questions dont ils connaissent déjà à la fois une bonne partie de la réponse et la méthode permettant d'obtenir la partie manquante. Au naïf qui pose des questions que l'on ne sait pas comment aborder, on ordonne : « Tais-toi et publie. » Sans se laisser décourager par la difficulté, des chercheurs curieux se sont toutefois demandé comment les molécules communiquent à l'intérieur d'une cellule vivante. C'est ainsi que, dans un document interne, Benveniste écrivait récemment :

> Comment les molécules se rencontrent-elles dans l'univers de la cellule qui, à leur échelle, est immense ?

Cette question est double et peut être reformulée de la façon suivante : 1) Comment les molécules communiquent-elles à distance pour savoir qu'elles sont faites pour interagir, et qu'elles doivent se rencontrer ? 2) Quelle est la force qui les met en marche et qui les guide dans leur mouvement l'une vers l'autre ?

D'après Benveniste, non seulement on ne donne pas de réponse, ce qui est tout à fait acceptable, mais on pose rarement des questions sur la communication moléculaire dans l'eau cellulaire, ce qui l'est beaucoup moins. D'une certaine façon, c'est toute l'affaire de la mémoire de l'eau qui illustre une conception étriquée de la recherche, conception qui conduit à n'envisager une question que lorsqu'on en connaît déjà plus ou moins la réponse.

Pour tenter de répondre aux questions que lui-même et quelques autres se posent sur la communication moléculaire à l'intérieur d'une cellule vivante, Benveniste suggère que la communication entre molécules dans une cellule ne se ferait pas par contact, comme dans le modèle « clé-serrure » qui est le plus courant, mais à distance. Dans cette hypothèse, l'eau cellulaire serait le support de messages qu'elles s'enverraient. Ainsi, les molécules ne seraient plus tributaires de la seule agitation thermique pour interagir. Sans entrer dans aucun détail technique, on peut dire que l'idée fondamentale est la suivante : *dans certaines circonstances, l'information chimique contenue dans une molécule pourrait être émise par cette molécule et être propagée, voire stockée par des molécules d'eau.*

L'idée d'action à distance est à la base de la théorie des champs, mais elle se heurte à notre expérience quotidienne dans laquelle les objets n'interagissent que par contact. Par rapport à cette idée, nous sommes presque aussi démunis que les prédécesseurs de Newton qui imaginaient des anges pour pousser les planètes sur leur trajectoire. Dans les théories contemporaines, on a remplacé les anges par le chaos de l'agitation moléculaire. En se limitant ainsi aux seules actions de proximité, on risque peut-être de se trouver dans la même situation qu'un Martien qui voudrait comprendre les comportements humains en ignorant les télécommunications et les médias.

Pour conclure ce passage sur la communication entre molécules dans les cellules vivantes, il peut être utile de souligner le rôle de l'eau en biologie. Le biochimiste Szent-Györgyi (un original qui finit par recevoir le prix Nobel de médecine) disait que les protéines (de grosses molécules qui sont des briques de la matière vivante) ne sont que des impuretés de l'eau. La formule de Szent-Györgyi est un peu lapidaire mais elle a le mérite de souligner le fait que, dans une cellule vivante, chaque protéine est entourée de milliers de molécules d'eau. Loin d'être un constituant inerte, l'eau pourrait être un messager essentiel des informations chimiques qui circulent dans toute cellule vivante. Comme dans le cas des expériences sur les hautes dilutions, on se trouve ici à la frontière entre les trois principales disciplines des sciences de la nature : la physique, la chimie et la biologie. Tout dans l'organisation de la recherche scientifique s'oppose à l'exploration de ces territoires-frontières, particulièrement en France.

Les domaines cohérents : de nouveaux objets physiques et chimiques ?

Emilio Del Giudice et Giuliano Preparata travaillent à l'Institut de physique nucléaire de Milan. Preparata, qui a longtemps fait partie de la division théorique du Centre européen de recherches nucléaires (CERN), est par ailleurs titulaire de la chaire de physique nucléaire de l'université de Milan. Ces deux physiciens sont engagés dans un ambitieux programme de recherche qui a pour but d'expliquer un certain nombre d'anomalies relatives aux liquides et aux solides. Ici, nous nous limiterons aux propriétés physiques de l'eau et en particulier à la façon dont celles-ci changent avec la température.

L'eau n'est pas seulement un constituant essentiel de la vie. Du point de vue physique, elle est aussi une substance totalement anormale. Un exemple de cette anomalie est la température à laquelle les molécules d'eau se condensent. La température de condensation d'un gaz dépend fortement du poids des molécules. De ce point de vue, l'eau a un comportement anormal : les molécules d'eau sont à peine plus lourdes que les molécules d'oxygène et pourtant elles se condensent à 100° et gèlent à 0° alors que, à 0°, l'oxygène est toujours gazeux et est encore loin de passer à l'état liquide. Une autre propriété anormale est le fait que la forme solide de l'eau (la glace) est plus légère que la forme liquide, de sorte qu'elle flotte. La température élevée à laquelle l'eau quitte l'état liquide et la faible densité de la glace sont deux des propriétés anormales de l'eau qui ont rendu possible l'apparition de la vie sur Terre. Une autre propriété physique anormale d'une grande importance biologique est sa constante diélectrique extrêmement élevée, qui permet aux cellules vivantes de supporter des différences locales de potentiel électrique très fortes.

La science moderne a fait ses premières armes sur des objets très éloignés les uns des autres qui interagissent à distance : les corps célestes. Les succès de la mécanique céleste ont conduit à une grande confiance dans les outils utilisés. On a même confondu mathématique et rationalité, au point de parler de « mécanique rationnelle ». En appliquant les principes mécaniques de façon statistique, les physiciens ont ensuite bien réussi à comprendre le comportement des gaz. En assimilant les constituants d'un gaz à des boules de billard microscopiques, on a pu retrouver des lois empiriques connues depuis longtemps, par exemple la loi des gaz parfaits, $PV = nRT$. En fait, chacune des boules de billard microscopique a une structure complexe.

Il fallut attendre l'avènement d'une révolution conceptuelle pour rendre compte des propriétés des particules individuelles, atomes ou molécules. Grâce aux développements de la mécanique quantique, les physiciens ont réussi à rendre compte de nombreuses propriétés empiriques des atomes et des molécules, par exemple de la périodicité des éléments chimiques résumée dans le tableau de Mendeleïev. Les difficultés surgirent quand on tenta de comprendre ce qui se passe quand les constituants élémentaires de la matière se rapprochent au point que le gaz se transforme en matière condensée, liquide ou solide.

Dans le cas des gaz, les particules sont loin les unes des autres et, à part quelques collisions, elles n'agissent pratiquement pas les unes sur les autres. La séparation entre ce qui se passe à l'intérieur des constituants élémentaires de la matière (la mécanique quantique) et à l'extérieur (la mécanique classique) est alors opératoire. Cette séparation n'est plus opératoire quand les particules sont si rapprochées que leur densité est cent fois ou mille fois plus élevée que dans les gaz, ce qui est le cas dans les liquides et les solides. Faute d'une théorie globale qu'ils puissent mettre en œuvre, les théoriciens en sont réduits à des bricolages. Sur la base d'un patchwork entre physique classique et physique quantique, ils construisent des modèles qui utilisent de nombreux paramètres, sans autre ambition théorique que de modéliser les observations empiriques.

Pour faire comprendre la distinction fondamentale entre des modèles et d'authentiques théories, on peut faire appel à un exemple historique tiré de l'astronomie. Pendant plus d'un millénaire, les astronomes ont pu prévoir les mouvements des planètes en utilisant un modèle très complexe qui avait été mis au point par l'astronome égyptien Ptolémée. À l'aide de ce modèle, ils pouvaient ainsi prédire de façon précise la date des éclipses. Cet exemple illustre le fait que, à condition d'utiliser un nombre suffisant de paramètres, on peut toujours « expliquer » à peu près les observations, même à partir d'hypothèses fausses comme celle qui consistait à supposer que tous les corps célestes gravitent autour de la Terre.

L'observation des phases de Vénus par Galilée fut un puissant argument en faveur du modèle héliocentrique de Copernic. Toutefois, en le compliquant et en lui rajoutant encore quelques paramètres, on aurait sans doute pu sauver le modèle traditionnel. La transition vers une authentique théorie fut accomplie grâce aux lois du mouvement planétaire de Kepler et à la théorie de la gravitation universelle de Newton. Le progrès scientifique ainsi réalisé a permis d'unifier des phénomènes disparates. C'est ainsi que la constante de gravitation est la même pour tous les mouvements planétaires, qui peuvent être reliés à d'autres mouvements tels que celui d'un pendule, la chute d'une pomme ou le mouvement des océans connu sous le nom de marées.

Pour en revenir aux liquides et aux solides, et en particulier à l'eau, l'état des connaissances actuelles n'est pas sans rappeler celui des connaissances astronomiques basées sur le modèle de Ptolémée. Ceux qui ne sont pas mystifiés par l'utilisation d'ordinateurs mais ont conscience des lacunes de leurs modèles utilisent parfois une boutade : « Donnez-moi trois paramètres et je vous dessine un éléphant ; donnez-m'en quatre et je le fais marcher. » L'objectif du programme de recherche de Preparata et de Del Giudice est d'arriver à mettre en relation la foule des données empiriques sur les solides et les liquides, au lieu de se satisfaire de modèles disparates et *ad hoc*.

En mars 1993, Emilio et Giuliano sont venus en France pour participer au séminaire que j'ai organisé avec Benveniste. Profitant de leur passage à Paris, ils se promenèrent au quartier Latin. Leur promenade les conduisit dans la librairie Gibert, où le physicien français Pierre-Gilles de Gennes dédicaçait son livre et répondait aux questions du public. Jouant les naïfs, un des physiciens italiens demanda avec son délicieux accent étranger : « Monsieur le professeur, comment est-ce qu'une aile d'avion tient ? Comment un atome de cette aile s'accroche-t-il exactement dans la bonne direction, pour que tous les atomes soient bien alignés ? »

Sous cette forme simplifiée et volontairement provocante, les physiciens italiens posent une de ces questions dérangeantes que la plupart des scientifiques préfèrent écarter faute d'en connaître la réponse : qu'est-ce qui fait que la matière condensée existe, quelle force maintient sa cohésion ? D'après les physiciens italiens, seules des forces à longue portée peuvent permettre d'atteindre la stabilité. Ce sont ces forces à longue portée qui font que les molécules d'eau se condensent si tôt quand la température s'abaisse.

Le phénomène sur lequel les physiciens italiens insistent est le lien entre la forme interne des molécules et leur organisation collective. Pour souligner ce lien, ces physiciens demandent : qu'est-ce qui distingue des atomes d'un morceau de graphite des mêmes atomes de diamant ? En réponse à cette question, qui lui fut posée par nos deux visiteurs, le professeur de Gennes répondit par une boutade : « Si je le savais, je serais riche ! »

D'après les physiciens italiens, la lacune fondamentale des modèles ordinaires est qu'ils ne tiennent pas compte des forces à longue distance entre atomes ou entre molécules. Ces forces à longue distance résultent des lois quantiques qui gouvernent l'interaction entre les constituants de la matière (les atomes et les molécules) et les champs électromagnétiques.

En physique classique, les particules sont localisées dans l'espace, comme des points, alors que les champs occupent tout l'espace. La révolution quantique a rendu moins absolue cette distinction qualitative entre particules et champs. Suivant les cas, c'est la nature ponctuelle ou la nature ondulatoire qui se manifeste.

Après des siècles de querelles, les physiciens reconnaissent maintenant cette double nature dans le cas de la lumière : je suis onde (voyez mes interférences) et je suis particule (voyez comme mes photons expulsent des électrons). Cette dualité est au cœur de la théorie quantique. Elle a été observée pour des électrons et même pour des atomes ou des molécules. Alors que la mécanique quantique a brisé la distinction classique entre ondes et particules, la plupart des scientifiques ont encore une vision très mécaniste de la matière. L'affaire tournant à la guerre de religion, j'utiliserai une analogie religieuse. Tout se passe comme si une population païenne nouvellement convertie au christianisme avait gardé ses valeurs anciennes (la physique classique) sous un vernis de christianisme (la mécanique quantique).

Après ces considérations générales, revenons à nos molécules d'eau. Quand on envisage ces molécules comme des objets individuels isolés, les seules forces qui interviennent sont des forces à courte distance, analogues à des crochets. Ces crochets correspondent aux forces électrostatiques, qui sont négligeables au-delà des voisins les plus proches. En mécanique quantique, les forces à longue portée cessent de jouer un rôle négligeable dès que les atomes ou les molécules sont assez serrés.

Bien que ces forces à longue portée soient extrêmement faibles, elles modifient le bilan énergétique global parce qu'elles font intervenir un très grand nombre de molécules. Cette modification quantitative du bilan énergétique a des effets qualitatifs sur la façon dont s'organisent les molécules. Les calculs d'énergie montrent que, quand elles sont serrées, les molécules d'eau agissent de façon cohérente, comme une collectivité qui obéirait à des lois sociales. Avec les domaines cohérents, on est passé d'une psychologie des molécules (leur structure individuelle) à une sociologie (les rapports entre structure individuelle et organisation collective).

La théorie suivant laquelle les forces à longue portée conduiraient les molécules à des comportements collectifs a permis à Del Giudice et à Preparata d'expliquer certains faits empiriques concernant les liquides et les solides, y compris des faits bizarres qui semblent correspondre à un déplacement du zéro de l'échelle des températures absolues. Pour clore cette évocation sommaire de la théorie des domaines cohérents, je reproduis une table de résultats quantitatifs déjà obtenus par les physiciens italiens :

	Valeurs numériques	
	Prédites	*Observées*
Eau		
Volume critique de N molécules	57 cm³	55,6 cm³
Deuxième coefficient de Van der Waals	4,4	5
Chaleur latente	9,8 Cal/M	9,7 Cal/M
Hélium		
Transition de phase	2,25 °K	2,18 °K

Certes, on est encore loin des 13 « coïncidences » numériques soulignées par Jean Perrin dans *Les Atomes*, de sorte que les domaines cohérents ne sauraient prétendre au statut scientifique des atomes. Toutefois, si les succès théoriques des physiciens milanais continuaient à s'accumuler, ce nombre pourrait un jour être atteint.

Cachez ces faits que je ne saurais comprendre !

Pour conclure ce chapitre sur le contexte scientifique dans lequel s'inscrivent les études sur la mémoire de l'eau, je dirai que ces études ne constituent qu'un ensemble d'anomalies parmi d'autres, qui toutes indiquent que les modèles actuels des interactions entre champs, matière et cellules vivantes sont inadéquats. La théorie des domaines cohérents pourrait peut-être permettre de remédier à certaines de ces inadéquations, mais là n'est pas le point essentiel, qui réside dans ces inadéquations elles-mêmes.

Je pense que le point fort de la position scientifique de ceux qui mettent en cause les théories conventionnelles n'est pas seulement la cohérence des idées nouvelles, il est surtout l'incohérence des idées anciennes. D'après Planck, dont les idées peu orthodoxes ont été à l'origine de la mécanique quantique, ce n'est pas parce que les partisans des idées anciennes se sont ralliés aux idées nouvelles que ces idées nouvelles triomphent, mais parce que leurs détracteurs sont morts. Curieux de connaître la fin de l'histoire de mon vivant, je cherche à faire mentir cette maxime désabusée.

J'écrivais plus haut que les arbres de l'affaire Benveniste ont caché la forêt de la mémoire de l'eau. En réalité, la mémoire de l'eau elle-même n'est qu'un aspect parmi d'autres d'un gigantesque puzzle scientifique. La plupart des phénomènes matériels ont entre eux des liens cachés. Ce n'est que lorsque la nature des phénomènes a déjà été élucidée que ces liens cachés peuvent apparaître.

Ainsi, nul ne pouvait soupçonner avant la théorie atomique qu'il puisse y avoir un lien entre la couleur du ciel et le phénomène nouvellement découvert de l'agitation chaotique de petites particules en suspension, agitation maintenant connue sous le nom de mouvement brownien. Par ailleurs, avant que la théorie quantique ait atteint sa maturité (ce qui a demandé une génération), qui pouvait prévoir que l'analyse de la distribution du rayonnement issu d'un four (le rayonnement du corps noir) déboucherait finalement sur une théorie permettant d'élucider les régularités du tableau périodique des éléments qui avaient été mises en évidence par le chimiste russe Mendeleïev un demi-siècle auparavant ?

Une autre illustration des liens cachés entre phénomènes me semble intéressante parce qu'elle devrait à la fois inciter à la prudence ceux qui déclarent de façon péremptoire qu'un phénomène est « impossible » et encourager ceux qui cherchent à faire des liens entre des phénomènes encore incompris. Je fais allusion aux divers modes de calcul de l'âge de la Terre.

À partir d'observations et de théories propres à leur discipline, les géologues attribuaient à la Terre un âge de l'ordre du milliard d'années. Du haut de sa science, un des plus éminents physiciens de la fin du XIXe siècle, Lord Kelvin (celui qui a immortalisé son nom grâce à l'échelle des températures absolues, les degrés Kelvin) « démontra » qu'une aussi longue durée de vie était impossible. Par un calcul apparemment sans faille, basé sur les principes de la thermodynamique, il montra que, après cent millions d'années, la Terre se serait suffisamment refroidie pour rendre toute vie impossible. Or la vie existe actuellement sur Terre, donc celle-ci doit être encore plus jeune.

Comme souvent dans ces cas, il s'agissait d'un raisonnement juste basé sur des prémisses fausses. Ici, l'erreur cachée tenait à une hypothèse à la fois non explicitée et non justifiée : l'absence d'apport de chaleur interne à la Terre. Depuis, on sait que la radioactivité naturelle fournit l'appoint d'énergie nécessaire au maintien de la Terre à la bonne température.

Pour l'instant, les physiciens, les chimistes et les biologistes n'ont pas de théorie qui permettrait d'expliquer l'action de champs de très basse fréquence sur la matière vivante. Lorsque de tels champs agissent sur les cellules dans un tube à essai, ou qu'ils favorisent certaines formes de cancer, ils ne demandent toutefois pas leur avis aux scientifiques. Ce sont les scientifiques qui ont à adapter leurs théories aux phénomènes naturels et non l'inverse. Il est possible que la théorie des physiciens italiens se révèle insuffisante ou même fausse. Le fait qu'une solution proposée soit finalement inadéquate ne ferait pas disparaître les questions, bien au contraire.

Or que font la plupart des scientifiques quand quelque chose les dérange ? Ils disent : « Je ne veux pas le savoir. » C'est ainsi que la théorie des domaines cohérents a été généralement ignorée jusqu'ici. Compte tenu de son caractère novateur et du fait qu'elle a été annoncée en 1988 dans la plus importante revue internationale de physique, on aurait pu s'attendre à ce que les chercheurs citent abondamment cette théorie, ne serait-ce que pour l'éreinter. J'ai consulté l'outil habituel des recherches bibliographiques internationales *(Science Citation Index)*. En dehors des publications émanant de l'Unité 200, je n'ai trouvé que deux allusions à l'article annonçant cette théorie : l'une dans une revue canadienne (qui le cite sans aucun commentaire), l'autre dans une revue russe que je n'ai pas consultée.

Dans l'annexe*, je cite un exemple qui lui aussi concerne l'eau. Il s'agit de l'affaire connue sous le nom d'eau polymérisée. Dans cette affaire, la plupart des scientifiques ont pris prétexte d'une erreur d'interprétation initiale pour évacuer une anomalie de l'eau qu'ils ne comprennent pas. La question

---

* Les annexes sont regroupées en fin d'ouvrage.

embarrassante qu'ils évitent est la suivante : comment de l'eau pure peut-elle dissoudre assez de verre pour produire un gel de silice ?

Pour conclure cette mise en perspective de diverses anomalies, qui toutes font intervenir l'eau, j'aimerais faire quelques commentaires à propos de leur caractère interdisciplinaire. Dans ces anomalies, l'eau intervient en tant qu'agent physique (solvant), chimique (milieu de réaction) et biologique (constituant des cellules vivantes).

Comme d'autres auteurs qui parlent de la science, j'emploie parfois des métaphores géographiques et je parle de « territoires », de « domaines de recherche » ou de « frontières » entre la physique, la chimie et la biologie. Ces métaphores sont justifiées du point de vue sociologique. De ce point de vue, les disciplines correspondent à des réalités objectives et distinctes. Celles-ci se manifestent par des départements universitaires, des sociétés savantes et des revues scientifiques. Mais il ne faudrait pas oublier qu'il s'agit de réalités humaines, pas de réalités de la Nature.

Lorsqu'on parle de physique, de chimie et de biologie, il vaudrait mieux les considérer comme trois aspects d'un même phénomène. Quand les atomes qui constituent les molécules d'une cellule vivante changent de configuration sous l'influence d'un champ magnétique oscillant, ils ne se demandent pas si ces modifications sont d'ordre physique, chimique ou biologique.

La plupart des scientifiques sont incapables d'avoir une vision multidimensionnelle des phénomènes. D'où leur tendance à rejeter les phénomènes qui se situent à la frontière de plusieurs disciplines en disant : « Je ne veux pas le savoir. » Faute de pouvoir caser ces phénomènes dans leurs représentations mentales, ils les placent arbitrairement dans un « no-scientist land ». Ce faisant, les scientifiques sont aussi aveugles que les personnages d'une parabole attribuée à Bouddha :

Ayant fait convoquer des aveugles, un rajah les mena auprès d'un éléphant. À l'un il présenta une défense, à l'autre une oreille, au troisième la queue et au dernier un pied. À chacun il dit : « Voici l'éléphant. » Il leur demanda ensuite : « Avez-vous étudié l'éléphant ? — Oui, Majesté, répondirent-ils. — Alors, quelles sont vos conclusions ? » Les aveugles répondirent à tour de rôle : « L'éléphant est une sorte de pointe. — Non, l'éléphant est comme un éventail. — Non, l'éléphant est un genre de corde. — Non, l'éléphant est une espèce de tronc d'arbre. »

Chapitre 2

Les hautes dilutions : agitez sans chauffer

Avec l'espoir prudemment optimiste de contribuer à percer une brèche dans le dogmatisme scientifique sur la mémoire de l'eau, je présente les résultats de mon étude des livres de laboratoire tenus pendant quatre ans par une des principales protagonistes de cette affaire. Entre novembre 1985 et juillet 1989, Élisabeth Davenas (qui est ingénieur de recherche à l'INSERM) a écrit 2 000 pages de compte-rendu de laboratoire au fur et à mesure des 500 expériences qu'elle a réalisées sur les hautes dilutions. L'outil utilisé pour étudier les propriétés biologiques des hautes dilutions était un outil standard de la panoplie des biologistes : la coloration de certaines cellules. Ces cellules étaient des globules blancs du sang ; les globules blancs qui ont été utilisés dans les expériences sur les hautes dilutions s'appellent des basophiles.

Le compte-rendu présenté dans ce chapitre n'est pas fondamentalement différent de celui publié par Davenas, Benveniste, Poitevin et une dizaine d'autres scientifiques. La différence principale est que mon compte-rendu est à la fois plus détaillé et moins technique que l'article publié par *Nature* en juin 1988. Pour en rendre la lecture plus aisée, la plupart des détails techniques ont été relégués dans l'annexe 2. Toutefois, ce chapitre reste sans doute le plus difficile à lire pour un non-scientifique. Si vous avez un peu de mal à suivre certains aspects techniques, ne vous découragez pas. Après ce chapitre, tout deviendra plus facile.

Un détecteur biologique ultrasensible : la perte de coloration des basophiles

D'un point de vue purement technique, les scientifiques qui ont étudié les dilutions homéopathiques se trouvaient dans la même situation que la plupart des chercheurs qui défrichent un champ de recherche : ils devaient adapter leurs instruments aux nouveaux phénomènes qu'ils voulaient explorer. Au départ, cette recherche est difficile parce que les nouveaux phénomènes sont parfois à peine décelables. Il s'agit là d'une vérité de La Palice : si un phénomène était facile à mettre en évidence avec les instruments habituels, il aurait déjà été observé depuis longtemps. Pour souligner que cette évidence n'est pas spécifique à la biologie, je rappellerai un précédent historique concernant l'astronomie.

Contrairement à ce que l'on croit généralement, Galilée n'a pas inventé la lunette astronomique associée à son nom. Sa contribution a consisté à améliorer un instrument sommaire qui existait déjà. Grâce à cette amélioration instrumentale, il put observer ce que personne n'avait vu avant lui, en particulier les satellites de Jupiter et les phases de Vénus. Comme je l'ai déjà dit, la découverte des phases de Vénus fournit un argument important en faveur du système héliocentrique préconisé par Copernic et par quelques autres. Comme chacun sait, un des experts de l'époque refusa de regarder dans la lunette de Galilée et les autres regardèrent mais ne virent rien. Toute ressemblance avec la polémique sur les dilutions homéopathiques ne serait qu'une pure coïncidence.

Autant pour les considérations générales sur l'importance de l'instrumentation dans l'étude scientifique de phénomènes nouveaux ou mal compris. Dans le cas de l'équipe de Benveniste, l'instrument utilisé était assez bien maîtrisé par ces chercheurs puisqu'il s'agissait d'un test qu'ils avaient mis au point une dizaine d'années auparavant. Ce test avait d'ailleurs fait l'objet d'un brevet de la part de l'INSERM. Il s'appuie sur la coloration des basophiles. Comme d'autres cellules biologiques, les basophiles ont l'air d'un grain de gelée, de sorte qu'ils sont pratiquement transparents. Pour pouvoir les observer au microscope, il faut utiliser un colorant adéquat sinon ils sont pratiquement invisibles. Dans le but de souligner le caractère fondamental de la coloration de cellules en tant qu'outil de la recherche biologique, je rappelle l'étymologie du mot chromosome. Ce mot vient de deux mots grecs signifiant couleur (khrôma) et corps (soma).

La propriété qu'ont les basophiles d'absorber un colorant particulier dépend d'un très grand nombre de facteurs, y compris la santé de la personne dont on a prélevé le sang. Le test de coloration des basophiles a été mis au point pour des raisons médicales. Toutefois, ce n'est pas la santé qui est étudiée ici, mais la façon dont certaines molécules influencent la coloration des basophiles. Puisqu'une de ces molécules constitue le personnage principal de ce chapitre sur les hautes dilutions, une présentation en bonne et due forme s'impose. Il s'agit de l'anti-immunoglobuline E, anti-IgE ou aIgE pour les intimes. Voici quelques propriétés de l'aIgE.

La *première propriété*, la plus importante ici, est celle d'empêcher la coloration des basophiles, au point qu'ils peuvent parfois rester tous invisibles, comme si on n'utilisait pas de colorant. Par rapport au colorant, l'aIgE agit comme un décapant qui effacerait de la peinture. Évidemment, la proportion de basophiles ainsi « décolorés » dépend de la quantité de « décapant » utilisée. Plus on dilue l'aIgE, moins il devrait être efficace. En fait, il n'en est pas toujours ainsi et certaines hautes dilutions d'aIgE présentent un effet « décapant » alors qu'il n'y a apparemment plus d'aIgE.

La *deuxième propriété* de l'aIgE est la suivante. Quand on utilise une bonne dose d'aIgE, par exemple la troisième dilution décimale, son efficacité en tant que « décapant » dépend beaucoup du sang qui a servi à préparer les basophiles. Dans certains cas, une concentration de 10^{-3} d'aIgE (qui correspond à la troisième dilution décimale) rendra presque tous les basophiles invisibles alors que, avec des basophiles provenant d'une autre personne, la même quantité d'aIgE n'aura pratiquement aucun effet. En moyenne, l'efficacité de la troisième dilution décimale d'aIgE est de l'ordre de 50 %.

La *troisième propriété* des molécules d'aIgE est leur très grande taille. Grâce à cette grande taille, il est possible d'éliminer ces molécules d'une solution à l'aide de filtres calibrés. On put ainsi vérifier que l'activité des hautes dilutions n'était pas due à un résidu d'aIgE qui aurait échappé aux dilutions successives.

Pour avoir la moindre chance de détecter un effet de hautes dilutions, on a besoin d'un test extrêmement sensible. Comme je l'ai déjà dit, le test utilisé a été la perte de coloration des basophiles. Le prix à payer pour l'utilisation d'un instrument ultrasensible est son instabilité : un rien le dérègle. À ce propos, il faut souligner que la variabilité de la réaction de coloration n'a rien à voir avec les hautes dilutions. Il s'agit d'une propriété de cette réaction elle-même. De très nombreux facteurs influencent la réaction de coloration des basophiles, dont certains ne sont même pas connus : c'est la vie.

Tous les scientifiques sont confrontés au choix entre la sécurité et la nouveauté. Si on privilégie la sécurité, on risque de se cantonner à des phénomènes qui sont bien connus et donc n'ont plus le moindre intérêt. Si au contraire on privilégie la nouveauté, on prend le risque de faire une erreur d'interprétation en attribuant à un phénomène nouveau ce qui n'est en fait qu'un phénomène bien connu venu se glisser dans le dispositif (un artefact). Dans le cas des hautes dilutions, un tel artefact pourrait être leur contamination par des molécules d'aIgE ou par d'autres molécules qui auraient le même effet. Les possibilités d'artefacts seront examinées dans la deuxième partie, au chapitre 6 et à l'annexe 7. Aucune des suggestions publiées jusqu'ici ne permet de rendre compte des observations rapportées par Benveniste et ses collaborateurs.

L'étude scientifique des dilutions homéopathiques

Pour qui veut étudier un phénomène naturel, la méthode expérimentale est l'approche préférée. Son principe consiste à isoler une « cause », pour voir les résultats qu'elle entraîne, *toutes choses égales par ailleurs*. Avant de décrire la mise en œuvre de la méthode expérimentale dans l'étude des dilutions homéopathiques et certaines de ses difficultés, je présenterai un exemple imaginaire simplifié. Imaginez qu'un Martien prétende que le goût de l'eau de mer provient de petits animaux vivant dans la mer. Comment vous y prendriez-vous pour le convaincre que ce goût provient essentiellement du sel dissous dans l'eau de mer ?

Vous pourriez commencer par faire bouillir de l'eau de mer dans une casserole pendant quelques minutes. Une fois l'eau suffisamment refroidie, vous pourrez faire constater au Martien que le goût n'a pas disparu, alors que ses « animaux » eux sont probablement morts. S'il vous dit que ses animaux résistent à la chaleur, vous pourrez faire bouillir l'eau jusqu'à ce qu'elle soit complètement évaporée, en ne laissant qu'une poudre blanche au fond de la casserole. Après avoir ajouté un peu de cette poudre dans un verre d'eau, vous tenterez de lui faire constater que l'eau a toujours le même goût. « Je ne sens rien, vous dit le Martien, l'esprit du goût est parti quand vous l'avez fait bouillir. » Un peu irrité, mais encore patient, vous pourrez lui proposer l'expérience suivante pour le convaincre que la poudre recueillie au fond de la casserole produit bien un goût identifiable quand on la mélange à de l'eau.

Puisque le Martien semble incapable de sentir le goût du sel quand il est convaincu que ce goût doit avoir disparu, vous pouvez lui présenter une expérience en aveugle. Vous commencez par obtenir de l'eau par évaporation et condensation à partir d'eau de mer. Vous remplissez ensuite dix verres avec de l'eau douce ainsi préparée. Vous dites alors au Martien : « Je vais quitter la pièce. Quand je serai sorti, vous mettrez une cuillerée de poudre dans un des verres et vous remuerez bien. Dans cinq minutes, je reviendrai tester chaque verre. » Après avoir goûté chacun des dix verres, vous en désignez un et le Martien vous dit : « C'était bien celui-là, mais vous avez juste eu de la chance. »

S'il vous reste encore un peu de patience, vous pouvez recommencer l'expérience dix ou vingt fois. Même si vous identifiez correctement le verre salé la plupart du temps et même si le Martien ne se trompe jamais lui-même dans l'identité du verre qu'il a salé, il n'est pas impossible qu'il reste sceptique. « Je ne sais pas comment vous faites, mais il doit y avoir un truc. Je *sais* que le goût de l'eau de mer provient de petits animaux. »

Le scepticisme face à un résultat expérimental est souvent justifié. Aucune expérience, si bien conçue et si bien exécutée soit-elle, ne peut apporter de « preuve », au sens logique du terme. La seule science dans laquelle de telles « preuves » existent est la mathématique. Dans toutes les autres sciences, on ne maîtrise qu'imparfaitement la chaîne des raisonnements, des observations et des hypothèses. Par ailleurs, la subjectivité des personnes intervient toujours plus ou moins quand il s'agit d'évaluer le poids respectif de chaque résultat disponible. Nous verrons dans la deuxième partie à quel point cette subjectivité peut être source de conflits, de malentendus et d'irrationalité face aux résultats de certaines expériences. Pour l'instant, contentons-nous de rappeler deux points essentiels de la méthode expérimentale :

1) On crée deux situations qui sont identiques en tous points sauf un. Dans la première, dite situation témoin ou situation de contrôle (C), le facteur étudié est absent. Dans la deuxième, dite situation expérimentale (X), ce facteur est présent. Dans l'exemple ci-dessus, le facteur unique était la présence ou l'absence de poudre de sel.

2) Si, dans un nombre suffisant d'expériences, le résultat des deux expériences (par exemple le goût) est en moyenne

différent, on en conclura que cette différence a pour cause la différence entre les deux situations expérimentales.

Dans le cas des hautes dilutions, le meilleur dispositif expérimental est celui représenté sur la figure. Dans la première phase de l'expérience, on prépare de la même façon deux hautes dilutions. Dans cette phase de préparation, tout est identique, à l'exception du produit de départ. Pour préparer la dilution expérimentale, on part d'une solution du produit X dans de l'eau alors que, pour préparer la dilution de contrôle, on part d'eau pure, sans ajout. Dans l'exemple représenté sur la figure, chacune des solutions de départ a subi trente fois l'opération qui consiste à diluer par dix puis à agiter vigoureusement.

Schéma des expériences de mise en évidence d'un effet biologique de hautes dilutions

Préparation des hautes dilutions (exemple : dilution n°30)

Chaque dilution au dixième consiste à verser un dixième du tube dans le tube suivant, qui a été rempli aux 9/10e avec du solvant, puis à l'agiter vigoureusement

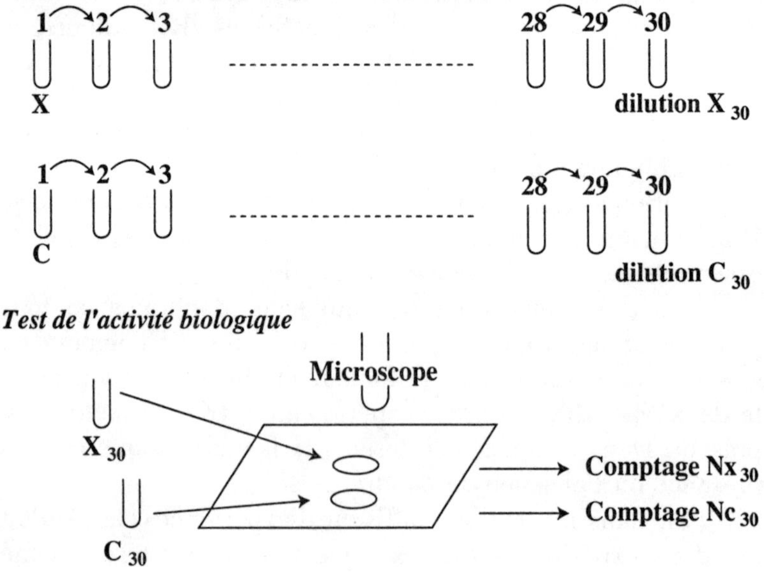

La deuxième phase de l'expérience consiste à tester l'activité biologique des deux dilutions qu'il s'agit de comparer : on ajoute une même quantité des liquides à comparer dans deux échantillons identiques de basophiles puis on compte les basophiles qui sont restés colorés. Dans l'exemple présenté sur la figure, on dira que la dilution X30 est active si, en moyenne, le nombre des basophiles colorés est significativement moindre que pour la dilution C30.

Le dispositif expérimental qui vient d'être décrit permet de répondre à la question de savoir s'il existe des effets de hautes dilutions avec un produit chimique donné, après que celui-ci a été dilué si souvent que, en principe, il ne reste plus de molécules actives. Le produit le plus étudié pour répondre à cette question a été l'aIgE. D'autres dispositifs expérimentaux ont permis de répondre à d'autres questions, en faisant varier d'autres facteurs. C'est ainsi que l'on a étudié comment varie l'activité quand le nombre de dilutions varie. Un autre type d'expériences a consisté à étudier des facteurs physiques susceptibles de favoriser ou de faire disparaître l'activité d'une haute dilution. Parmi les facteurs du premier groupe, seule l'agitation a fait l'objet d'une étude. Parmi les facteurs qui suppriment l'activité biologique, le plus étudié a été l'échauffement, qui « efface » la mémoire de l'eau.

La mise en évidence d'effets de hautes dilutions

En 1983, Bernard Poitevin, un chercheur s'intéressant à l'homéopathie, prit contact avec Benveniste pour demander à mener dans son laboratoire une étude scientifique des hautes dilutions. Benveniste accepta, tout en exprimant son scepticisme. Ce que j'écris ici du scepticisme initial de Benveniste vis-à-vis de l'effet biologique de certaines hautes dilutions, je n'étais évidemment pas là pour l'observer. J'ai par contre pu trouver des traces de ce scepticisme dans les livres de laboratoire que j'ai étudiés.

D'après les notes qui sont consignées dans ces livres, Élisabeth Davenas et Francis Beauvais ont observé pour la première fois le 5 novembre 1985 ce qu'ils devaient appeler par la suite la « deuxième courbe ». Ce phénomène est illustré sur la figure ci-après. Il a de quoi surprendre : un effet augmente alors que sa cause diminue au point de pratiquement disparaître. Après avoir atteint sa valeur la plus grande pour une certaine dilution, souvent la troisième dilution décimale, l'effet biologique commençait par diminuer quand on diminuait la quantité de produit actif, ce qui est tout à fait normal. Là où les choses devenaient étranges, c'est que lorsque l'on continuait à diminuer la quantité de produit actif (en augmentant le nombre de dilutions), l'effet biologique se remettait à augmenter.

Dix jours après cette découverte, les chercheurs entamaient des séries d'expériences à l'aveugle à l'aide de hautes dilutions de trois produits chimiques différents destinés à faire disparaître cette « deuxième courbe ». Le nom de ces

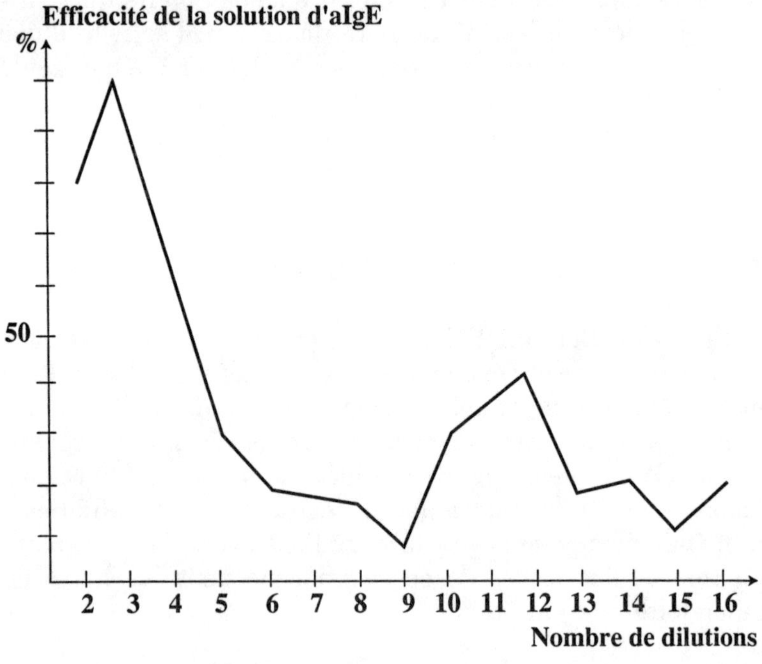

produits importe peu ici. Pour apprécier la signification des expériences, il suffit de savoir trois choses :

1) Chacun des trois produits testés inhibe l'effet « décapant » de l'aIgE. Quand on ajoute l'un de ces produits, la deuxième courbe disparaît : le nombre des basophiles reste à sa valeur maximale et ne dépend plus de la concentration de aIgE. 2) Dans le cas des trois produits étudiés, l'effet d'inhibition persiste pour certaines hautes dilutions. 3) Les opérations ont toutes été faites en aveugle.

Dans les expériences d'inhibition évoquées ici, Davenas recevait deux tubes, l'un contenant une solution du produit à tester et l'autre contenant uniquement du solvant. Quand elle préparait les dilutions, elle ignorait quel tube contenait le produit actif au départ. Cette information n'était disponible qu'après le comptage des basophiles. La plupart du temps, la classification des deux tubes correspondait bien à celle déduite de l'effet des hautes dilutions sur la « deuxième courbe ».

Ce que je veux souligner ici est la prudence avec laquelle les chercheurs de l'Unité 200 ont avancé dans l'étude des hautes dilutions. Dépendant en partie de la personne la plus qualifiée pour le comptage des basophiles (Elisabeth Davenas), ils ont voulu prendre des précautions pour s'assurer contre les risques de biais dans la séquence des opérations. Dans les comptes-rendus des expériences codées des six premiers mois, je n'ai pas trouvé moins de douze noms différents parmi les personnes impliquées dans le codage !

Dans les années qui suivirent, de 1986 à 1990, des centaines d'expériences ont ensuite été faites pour étudier l'action des hautes dilutions d'aIgE sur la coloration des basophiles. Pour favoriser une compréhension concrète de ces expériences et de leurs résultats, je commence par présenter une des expériences les plus complètes parmi celles qui ont été réalisées en aveugle.

Dans cette expérience, on a comparé entre elles 25 paires de hautes dilutions, de la dilution 21 à la dilution 45. Les résultats de cette expérience sont présentés graphiquement. Pour chacune des 25 hautes dilutions, le graphique donne le nombre des basophiles qui sont restés colorés. La courbe du haut correspond à la gamme des dilutions d'aIgE, celle du bas aux dilutions témoins. Dans cette expérience, la mémoire de l'eau se manifeste de trois façons distinctes :

Premier effet : Le nombre moyen des basophiles restés visibles est diminué quand ceux-ci ont été imprégnés par de hautes dilutions du produit actif (test n° 1).

Deuxième effet : Ce nombre fluctue plus pour la gamme du produit témoin (test n° 2).

Troisième effet : La courbe du haut semble présenter une structure en « vagues » plus ou moins périodiques (test n° 3).

On obtient ainsi un recoupement utile. L'intérêt d'expériences telles que celle illustrée ici est qu'elles présentent une cohérence interne, analogue à celle qui résulte de la solution d'un problème de mots croisés. Cette cohérence interne permet de vérifier que l'on est sur la bonne piste. Pour apprécier la signification de l'expérience décrite ici, il faut avoir présent à l'esprit un certain nombre de points :

Point n° 1 : Même la dilution du rang le plus faible, tout à gauche de la courbe, contient en principe beaucoup moins du millième de la quantité d'aIgE minimale (qui correspondrait à une molécule d'aIgE par cellule).

Point n° 2 : Cette expérience correspond à 25 sous-expériences différentes, dans lesquelles on compare une haute dilution d'aIgE à la dilution correspondante du solvant.

Point n° 3 : Les deux gammes de dilutions ont été préparées exactement de la même manière. La seule différence concernait la composition de la solution initiale qui subissait la série de dilutions successives par le solvant : mélange d'aIgE et d'eau dans un cas, eau pure dans l'autre.

Point n° 4 : Les basophiles utilisés pour tester les cin-

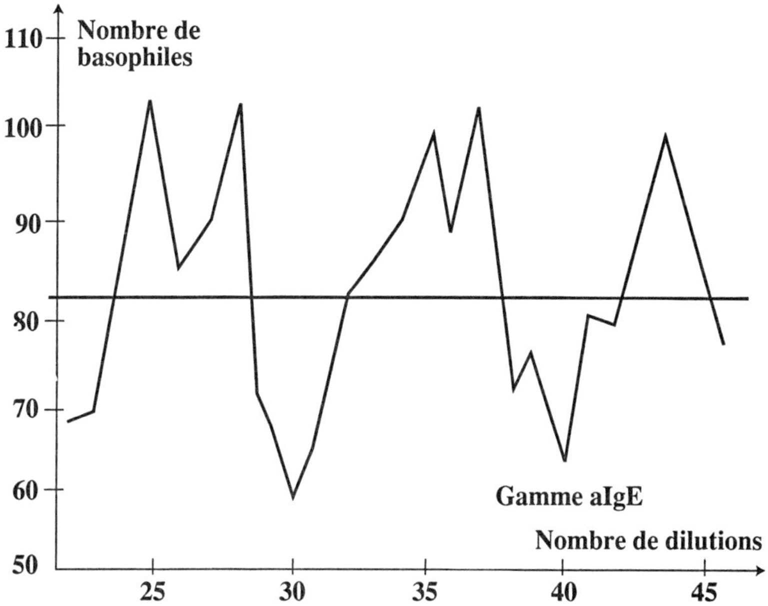

Nombre de basophiles
110
100
90
80
70
60
50
Gamme aIgE
Nombre de dilutions
25
30
35
40
45

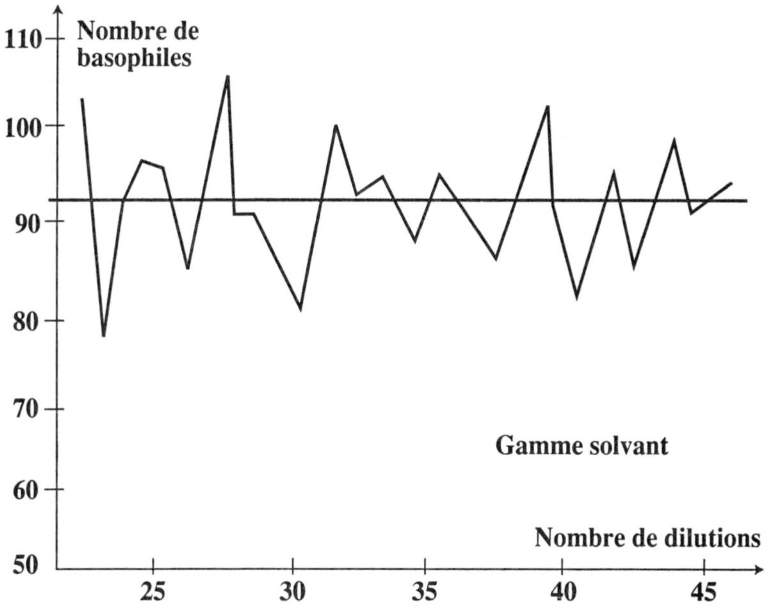

Nombre de basophiles
110
100
90
80
70
60
50
Gamme solvant
Nombre de dilutions
25
30
35
40
45

quante dilutions provenaient tous du même échantillon de sang. Chaque dilution a donc été testée avec des détecteurs d'efficacité comparable.

Point n° 5 : Avant d'être testés, les cinquante tubes ont été codés, de sorte que les comptages de basophiles ont été effectués en aveugle. La personne comptant les basophiles ignorait si la dilution testée était une dilution expérimentale ou une dilution de contrôle.

Point n° 6 : Non seulement les deux gammes ont été mélangées par codage, mais aussi les niveaux de dilution. La structure en vague observée pour la courbe de gauche ne peut donc pas provenir d'un artefact qui serait lié à la façon de compter.

Du point de vue statistique, chacun des trois effets énumérés plus haut correspond à un test indépendant. Un quatrième type de test est décrit dans l'annexe 2. Ce test concerne les effets thermiques : quand les hautes dilutions sont chauffées, leur activité disparaît, *alors même que la molécule correspondante n'est pas sensible à la température utilisée.*

Bilan quantitatif des résultats

Les lecteurs allergiques aux chiffres pourront sauter ce sous-chapitre et aller directement au dernier sous-chapitre, qui contient un bilan plus qualitatif. Dans l'espoir de réduire les polémiques, j'ai limité le bilan quantitatif des résultats aux expériences qui vérifiaient les critères expérimentaux les plus stricts. Trois d'entre eux ont déjà été mentionnés : il s'agit du niveau élevé de dilution, du fait que les dilutions expérimentales et de contrôle ont été préparées de façon identique et du fait que les comptages ont tous été effectués en aveugle. Le dernier critère utilisé concernait la sensibilité des basophiles, qui devait être suffisante. À partir de l'ensemble des expériences vérifiant ces quatre critères, j'ai obtenu le tableau de résultats suivant.

Série	*Test utilisé*	*Résultats*		
A, B, C	n° 1	27+	7 –	*
D	n° 1	41+	8 –	***
E	n° 1	57+	19 –	**
F	n° 1	81+	38 –	**
G	n° 1	120+	55 –	***
D, E, F, G	n° 2	57+	31 –	*
D	n° 3	36+	12 –	*
H	n° 4	4+	0 –	*

* Moins d'une chance sur 1 000 d'obtenir une telle répartition par hasard.
** Moins d'une chance sur 10 000.
*** Moins d'une chance sur 100 000.

Si l'eau n'avait aucune mémoire, les résultats sur les hautes dilutions se répartiraient au hasard, avec autant de résultats négatifs que de résultats positifs, comme dans un tirage à pile ou face. Ceci est loin d'être le cas : les résultats positifs sont au moins deux fois plus nombreux que les résultats négatifs. Compte tenu du très grand nombre des tests effectués, la déviation par rapport aux résultats attendus en l'absence d'effets de hautes dilutions ne peut pas être attribuée au hasard.

Du point de vue statistique, les résultats de l'ensemble du tableau sont très hautement significatifs. Pour les lecteurs qui n'ont pas l'habitude des calculs de statistique, il peut être intéressant d'envisager la question du hasard de façon imagée et concrète. Imaginons qu'une gigantesque équipe de chercheurs soit capable de répéter les séries d'expériences présentées ici, non pas en quatre ans comme la petite équipe de l'INSERM mais en un seul jour. Supposons que les résultats présentés ici ne correspondent pas à un effet systématique mais soient le seul produit des fluctuations statistiques, c'est-à-dire du hasard. Combien faudrait-il de temps à cette équipe géante pour obtenir un jour par hasard un ensemble de résultats aussi significatifs ? La réponse est : plus d'années que n'en a connu l'Univers ! Autrement dit, si l'interprétation des résultats présentée ici en termes de mémoire de l'eau se révélait un jour erronée, ce qu'on ne peut jamais exclure, ce n'est pas du côté de la statistique qu'il faudrait rechercher les sources d'erreur.

Le statut scientifique de la mémoire de l'eau

Avant de conclure ce chapitre, je présente un tableau synoptique des expériences sur la mémoire de l'eau qui ont été réalisées à partir de l'étude de la coloration des basophiles. J'ai choisi de présenter ce tableau pour deux raisons. La première est qu'il met en évidence le nombre et la diversité des expériences qui ont été réalisées sur les hautes dilutions à partir de l'étude de la coloration des basophiles. L'autre raison concerne le thème central de ce livre, à savoir la censure scientifique. Le tableau montre que, après la campagne de dénigrement systématique qui sera analysée dans la deuxième partie, Benveniste et ses collaborateurs sont restés bloqués dans leurs recherches.

Alors qu'un travail original avait débuté sur les propriétés physiques des hautes dilutions et sur le phénomène des « vagues », ce travail a été arrêté. Sur les 200 expériences réalisées après l'enquête de *Nature*, moins de 5 % étaient nouvelles (les expériences d'aimantation). Ainsi, pendant deux ans, des chercheurs de l'Unité 200 ont consacré la majeure partie de leurs efforts à répéter inlassablement les deux mêmes expériences, dans l'espoir de convaincre leurs collègues. Comme nous le verrons plus loin, la publication de ce travail a ensuite demandé un an de lutte obstinée.

Ici, je voudrais juste signaler que, si Benveniste est encore relativement isolé, la mémoire de l'eau, elle, a déjà fait au moins huit autres apparitions dans des revues scientifiques.

Tableau synoptique des recherches sur les hautes dilutions (basophiles)

Type de recherches	*Nombre d'expériences* Avant l'enquête de *Nature*	Après l'enquête de *Nature*
Mise en évidence d'effets de hautes dilutions		
Effets directs (aIgE)	108	128
Inhibition (Apis)	41	65
Étude d'autres produits		
PLA2 Porc	10	10
PLA2 Naja naja	4	
Histamine	48	
Poumon histamine	22	
Apium virus	4	
BOB	3	
Calcium ionophore	5	1
PLC	1	3
Mellitine	4	
Étude de paramètres physiques		
Vagues *	10	
Dilutions après 10^{-100}	8	
Effets thermiques	25	
Dynamisation	8	
Filtrage	13	
Solvants autres que l'eau	13	
Dilutions par 9	3	
Courant continu	1	
Courant alternatif	1	
Aimantation		9
Transmission	1	
Séchage	3	
Points de dynamisation	5	
Pools de dilution	4	

* Au moins 20 dilutions à partir de 10^{-18}.

En excluant les travaux sur les hautes dilutions parus dans des revues consacrées à l'homéopathie* (ce qui en soi est une concession à la censure scientifique), on trouve les articles suivants :

— Trois autres articles du groupe de Benveniste, dont deux ont été publiés avant l'article de *Nature* et un est paru après. Ce dernier article est particulièrement significatif puisqu'il relate la reproduction en aveugle de deux types d'expérience sous le contrôle d'un chercheur désigné par le directeur général de l'INSERM.

— Un article sur les effets cliniques de produits homéopathiques paru en 1986 dans la principale revue médicale britannique, *Lancet* (soit deux ans avant l'« affaire » !).

— Un article de 1992 d'un groupe français annonçant la détection d'une mémoire de l'eau par des moyens purement physiques (la résonance magnétique nucléaire).

— Deux articles d'une équipe de Montpellier confirmant l'existence d'effets de hautes dilutions dans deux systèmes biologiques sans rapport avec les basophiles, l'un paru en 1985 (trois ans avant l'« affaire »), l'autre en 1993.

— Un article publié en 1988 par un groupe allemand qui confirme également l'existence d'effets de hautes dilutions dans un autre système biologique.

Comme les autres chapitres, celui-ci n'avait pas pour but principal de « prouver » que la mémoire de l'eau existe mais de contribuer à la sortir du ghetto homéopathique où les scientifiques ont voulu la maintenir. Je suis curieux de savoir si le débat sur le statut scientifique de la mémoire de l'eau finira par avoir lieu ou si, au contraire, celle-ci continuera à jouer le rôle de verset satanique de la science.

---

* On trouvera un recensement de ces travaux scientifiques dans le livre de Poitevin (*Introduction à l'homéopathie. Bases expérimentales et scientifiques*, 1993, CEDH).

Chapitre 3

Recherches sur un passe-muraille

Des expériences qualifiées de magie noire

Chacun connaît ces situations de romans policiers dans lesquelles un inspecteur se trouve confronté à une situation « impossible ». Un cadavre se trouve dans une pièce sans fenêtre avec une seule porte, fermée de l'intérieur. Après avoir forcé la porte, on n'a trouvé ni l'arme, ni bien sûr le meurtrier. D'après le médecin légiste, la mort a été instantanée, de sorte que la victime ne peut pas avoir actionné elle-même le verrou.

D'habitude, dans ce genre d'histoire, il y a deux personnages. Un inspecteur, complètement hébété, ne peut que répéter : « Pas possible », alors que le détective, lui, fait fonctionner ses méninges. L'un s'accroche à l'idée d'impossibilité, pendant que l'autre se dit : « Si c'est arrivé, c'est que ça doit être possible. » Dans les situations fictives telles que celle-ci, l'énigme résulte de la présence de trois constatations, ou plutôt de trois hypothèses :

1) La fiabilité du rapport des policiers, en ce qui concerne l'état du verrou au moment où ils ont forcé la porte.

2) La fiabilité de leur rapport quant à l'impossibilité que le meurtrier soit sorti après cette effraction.

3) La fiabilité du rapport du médecin légiste quant à la

cause de la mort (une balle dans le cœur), excluant la possibilité que la victime ait fermé le verrou.

Après s'être convaincu du bien-fondé des trois hypothèses, le détective se dit que, si le verrou n'a pas été fermé de l'intérieur, c'est qu'il a été fermé de l'extérieur. Examinant le verrou avec soin, il se rend compte qu'il a pu être actionné par une télécommande.

En apparence, les expériences de transmission de Benveniste présentent le même caractère d'impossibilité que la situation fictive évoquée. Alors que je suis généralement agacé par les romans policiers basés sur ce genre de situation, je suis au contraire fasciné par les expériences de transmission. Celles-ci semblent présenter une énigme logique qui n'a rien de fictif. Le plan expérimental des expériences de transmission est si simple qu'il m'est difficile d'imaginer où se trouverait la faille. Les deux « explications » que j'ai rencontrées jusqu'ici reviennent à nier l'existence des faits rapportés. Ceux-ci ont été accueillis soit par la dérision (c'est ainsi qu'on a parlé de « magie noire »), soit par le soupçon de fraude. Pour l'instant, une évocation très rapide de l'une des premières expériences suffira à faire comprendre l'analogie avec la situation fictive évoquée plus haut.

Une ampoule de verre scellée contenant un produit actif est placée sur une bobine à l'entrée de la machine électrique de transmission. Une autre ampoule de verre contenant de l'eau pure est placée sur la bobine de sortie et l'interrupteur électrique est abaissé pendant un quart d'heure. Le contenu des ampoules ainsi traitées s'avère biologiquement actif alors que le contenu des mêmes ampoules est inactif quand elles n'ont pas été « traitées ». Apparemment, un principe actif a traversé les parois de deux ampoules de verre sous l'effet de la machine.

Les débuts des expériences de transmission

Au chapitre précédent, j'ai signalé que les recherches sur la mémoire de l'eau avaient été pratiquement stoppées par la visite des émissaires de la revue *Nature*. En examinant le tableau synthétique des expériences, on peut voir qu'une des pistes de recherche qui avaient été explorées avant cette visite concernait les transmissions. En juin 1988, quelques semaines avant la visite fatidique, un médecin homéopathe, le docteur Attias, avait convaincu Benveniste d'essayer sa machine. Cette machine était censée transmettre une information chimique de la plaque d'entrée à la plaque de sortie. À l'époque, Benveniste venait d'apprendre l'existence de la théorie des domaines cohérents de Del Giudice et Preparata. Dans l'article sur les hautes dilutions publié par *Nature*, il est question de l'intervention possible de champs électriques ou magnétiques mais sans référence à la théorie des deux physiciens italiens.

Il est difficile de reconstruire l'histoire si longtemps après les faits, mais on peut imaginer que Benveniste, qui cherchait une explication de ses observations sur les hautes dilutions, s'est dit : « Après tout, pourquoi pas ? On peut toujours essayer. » Quelle que soit la raison, le docteur Attias amena sa machine à Clamart. D'après les notes de laboratoire d'Élisabeth Davenas, le résultat de cette première expérience fut positif. D'après ces notes, elle semblait perplexe face à ce résultat.

Quand j'ai contacté Benveniste pour la première fois, en mars 1992, il était en train d'étudier des hautes dilutions avec un système de détection biologique sans rapport avec les basophiles. Il s'agissait d'un système issu d'un montage classique utilisé depuis un siècle en pharmacologie. La partie centrale du dispositif de détection est un cœur de cobaye ou de rat. Avant d'être sacrifié, l'animal est immunisé de façon à être particulièrement sensible au produit étudié. Le produit le plus souvent étudié était l'ovalbumine. Comme son nom l'indique, il s'agit d'une protéine que l'on trouve dans le blanc d'œuf. La seule ressemblance entre le système de détection basé sur la coloration des basophiles et le nouveau système est leur extrême sensibilité ainsi que la variabilité qui en découle.

À partir de ce nouveau système de détection ultrasensible, Benveniste a pu confirmer l'activité biologique de certaines hautes dilutions. Le principe expérimental était le même que pour les expériences précédentes : il s'agissait de comparer des hautes dilutions d'un produit actif à celles d'un produit témoin inactif.

Avec ce nouveau système, Benveniste a aussi étudié quelques propriétés physiques des hautes dilutions. Il a ainsi pu confirmer que le chauffage prolongé à 70° « efface » la mémoire de l'eau. À partir de la suggestion de deux physiciens d'un laboratoire du CNRS et avec leur aide, il a également étudié une autre façon de supprimer l'activité d'une haute dilution : l'action prolongée d'un champ magnétique alternatif de basse fréquence. L'activité des solutions ainsi traitées disparaissait, alors que les mêmes solutions non traitées (qui avaient fait en même temps l'aller-retour entre les deux laboratoires mais étaient restées en dehors du champ magnétique) gardaient leur activité.

Ces expériences ont été répétées en aveugle : les physiciens codaient les tubes à l'aide de nombres choisis au hasard puis leur contenu était testé par Benveniste à l'aide de cœurs immunisés. Le succès des expériences d'effacement magnétique convainquit Benveniste que la mémoire de l'eau devait bien avoir quelque chose à voir avec des champs électriques ou magnétiques, ce qui le poussa sans doute à céder aux sollicitations renouvelées du docteur Attias.

Une autre motivation pour tenter des expériences de transmission était l'opposition farouche aux expériences de hautes dilutions, opposition qui conduisait les gens à imaginer des scénarios plus compliqués les uns que les autres pour éviter l'hypothèse de la mémoire de l'eau. Dans le cas des expériences de transmission, toutes ces hypothèses d'artefact deviennent sans objet*. Le dispositif expérimental des expériences de transmission est si épuré qu'il est difficile d'imaginer une autre explication scientifique que celle proposée par Benveniste : une propriété chimique est transmise par la machine électrique sans transport apparent des molécules correspondantes.

Presque quatre ans se sont écoulés avant qu'Attias ne réussisse à convaincre Benveniste de reprendre des expériences de transmission. Ces expériences furent reprises de façon systématique au printemps 1992. Je me souviens de la conversation téléphonique dans laquelle Benveniste me parla de la transmission d'une activité chimique par une machine électrique. Je fus aussi sceptique que l'ont été ceux qui entendirent parler pour la première fois de la possibilité de transporter la voix humaine par un fil électrique. J'ai néanmoins assisté à certains des premiers essais qui furent effectués avec Attias. Après quelques expériences, Benveniste fit construire une machine consistant essentiellement en deux bobines reliées par un amplificateur de basse fréquence.

Un observateur devient participant

Je travaille depuis longtemps sur des sujets qui touchent à la nature du savoir scientifique et je m'intéresse aux problèmes de communication entre scientifiques qui ont des points de vue différents ou antagonistes. Au début, mon intérêt pour la mémoire de l'eau était essentiellement d'ordre psychosociologique. L'affaire des hautes dilutions me semblait une bonne occasion d'étudier les problèmes de communication

---

* En ce qui concerne les expériences sur les hautes dilutions faites à partir de la coloration des basophiles, l'incapacité des hypothétiques artefacts à rendre compte des observations est analysée au chapitre 6 et à l'annexe 7.

entre chercheurs. J'étais intéressé par la résistance des scientifiques à une recherche innovante.

Tout a commencé à basculer pour moi un jour de juin 1992 au cours d'une expérience de transmission réalisée en présence de plusieurs témoins. Sans être concluante, cette expérience avait donné des résultats troublants. Un des autres observateurs était un physicien, beaucoup plus compétent que moi en ce qui concerne l'électronique. Toutefois, dans la situation, cette compétence technique s'avérait un handicap. Utilisée à mauvais escient, elle créait un blocage psychologique. Au lieu de centrer son attention sur les « faits », le physicien tentait tout de suite de comprendre comment la machine électrique pouvait produire de tels « faits » et il concluait à une impossibilité.

Au cours de la discussion qui suivit, le physicien qualifia l'amplificateur électronique de « machine infernale ». Il évoqua également le scandale des avions renifleurs. Pendant mon enquête sur les recherches de Benveniste, j'ai rencontré d'autres allusions à la fraude ou à une mystification. Les chercheurs qui ont recours à ces allusions semblent oublier les nombreuses controverses dans lesquelles c'est le point de vue initialement hérétique qui est maintenant considéré comme orthodoxe. Les scientifiques ont la mémoire courte : ils ne retiennent que les affaires dans lesquelles c'est l'orthodoxie du moment qui a eu le dessus.

J'ai été d'autant plus surpris de l'attitude soupçonneuse du physicien que c'est lui qui avait proposé et réalisé les expériences d'effacement magnétique de la mémoire de l'eau. Au cours de la même séance de discussion, je l'avais entendu dire que, sans comprendre ce qui se passait, il pouvait certifier que Benveniste était parvenu à identifier des dizaines de fois à l'aveugle, et sans jamais se tromper, si un tube contenant une haute dilution avait ou non été traité par un champ magnétique. Ce témoignage d'un collègue du CNRS a contribué à ébranler mon scepticisme initial par rapport à la mémoire de l'eau.

Ma curiosité une fois piquée, j'ai eu tendance à considérer les expériences de transmission comme un défi intellectuel et pas seulement comme une occasion d'étudier la résistance des chercheurs à l'innovation scientifique. Percevant mon changement d'attitude, Benveniste dit avec humour à une collègue : « Tu vas voir que bientôt Schiff me demandera une blouse et une technicienne. » Je n'ai pas demandé de blouse et je ne suis pas venu travailler à Clamart mais la nature de mon investissement s'est modifiée.

Pour en revenir aux questions psychologiques, le physicien a été à la fois lucide et honnête, disant plus tard : « Ne me parlez pas des expériences de transmission, j'ai un blocage. » Je crois que j'étais moi-même dans une situation psychologique plus favorable parce que j'ai pu considérer les appareils comme des « boîtes noires », ainsi que je l'expliquerai plus loin. Cette attitude psychologique m'a aidé à suspendre mon jugement sans rester bloqué par l'apparente « impossibilité » de ce que je voyais. Mes connaissances de physique étant anciennes, je n'avais pas trop de mal à ne pas avoir d'opinion préconçue sur la « machine infernale ». Par ailleurs, n'étant pas biochimiste, je n'avais pas d'opinion sur ce qu'il était nécessaire de transmettre pour agir sur le débit d'un cœur de cobaye ou de rat. Ma position n'était pas celle d'un physicien, d'un chimiste ou d'un biologiste mais celle d'un scientifique à la fois ignorant et curieux, sans appartenance à une discipline particulière.

Une recherche paralysée par le fardeau de la preuve

Jusqu'en juin 1992, les expériences de transmission ont eu un caractère exploratoire, en particulier à cause de problèmes de contamination : certains échantillons témoins, qui en principe étaient chimiquement purs, faisaient parfois réagir les cœurs. Cet effet parasite s'est révélé par la suite scientifiquement et médicalement intéressant, comme je l'expliquerai au prochain chapitre. En ce qui concerne l'étude des transmissions, une solution partielle du problème des contaminations a consisté à chauffer systématiquement à 70° l'eau utilisée pour les expériences.

Après les expériences préliminaires du printemps 1992, Benveniste a commencé à présenter des démonstrations publiques en présence de personnes extérieures à son laboratoire. Le compte-rendu de la première de ces expériences est reproduit à l'annexe 5 en même temps que la réaction d'un des destinataires de ce compte-rendu. À propos du compte-rendu qu'il venait de recevoir, le correspondant évoque « *le caractère pernicieux de la diffusion de telles "informations"* ».

Ce que je veux souligner ici n'est pas l'attitude agressive d'un scientifique qui prend prétexte d'une imprécision ou d'une inexactitude pour disqualifier une expérience mais le fait qu'il s'agissait d'une véritable censure. En effet, la lettre n'était pas celle d'un chercheur discutant avec un collègue mais celle du directeur général de l'INSERM menaçant de prendre des sanctions. Il écrivait : « *Si vous deviez persister dans ce type de comportement, je serais obligé d'en tirer des conséquences sérieuses.* » Comme nous le verrons, l'INSERM n'en est pas resté au stade des menaces. Je pense que cette réaction menaçante aux tentatives pour faire connaître ses expériences a contribué à ligoter Benveniste dans une logique de la preuve qui a perverti celle de l'exploration.

L'année suivante, au printemps 1993, l'INSERM annonça une visite sur site. La délégation de l'INSERM devait s'adjoindre deux experts pour se faire une opinion sur les expériences de transmission. Cette visite sur site me rappelait celle des émissaires de *Nature* et je redoutais la répétition du scénario de 1988. Comme nous le verrons dans la deuxième partie, les choses se sont en fait passées différemment : il n'y a pas eu de critiques scientifiques mais simplement fermeture du laboratoire et refus de créer une formation qui aurait permis aux chercheurs de rester groupés. Réfléchissant aux moyens de court-circuiter les experts officiels, j'avais pensé proposer à Benveniste de faire passer l'annonce suivante dans un mensuel de haute vulgarisation scientifique :

COMBIEN RESTE-T-IL
DE CHERCHEURS CURIEUX EN FRANCE ?

Scientificus curiosis est une espèce en voie de disparition. Membres de cette espèce, nous cherchons des congénères susceptibles de jouer le rôle d'huissiers scientifiques pour des expériences qui paraissent avoir un lien avec la mémoire de l'eau. Il s'agit d'expériences dans lesquelles un amplificateur de basse fréquence fonctionnant en oscillateur semble transmettre à de l'eau une information biochimique. Pour recevoir le protocole expérimental, écrire à :

Science Innovante, 6, rue Montmartre, Paris.

Chercheurs sûrs de leur savoir s'abstenir.

À l'époque, Benveniste se battait pour survivre à l'intérieur de l'INSERM et je ne lui ai finalement pas fait ma proposition. Par rapport à sa stratégie, cette annonce lui aurait sans doute paru inutilement provocatrice. Il est impossible de modifier le cours de l'histoire, mais je me demande comment les choses se seraient passées si Benveniste avait mené son combat sur le front de la liberté de recherche sans vouloir à tout prix convaincre ses collègues qu'il avait raison.

Dans le cas des expériences de transmission, le désir ou la nécessité de convaincre ont perverti la recherche. Au lieu de continuer à prêter attention aux chuchotements de Dame Nature, Benveniste n'a pu entendre que les clameurs de ses adversaires. À mon avis, il aurait fallu chercher une explication des phénomènes de transmission en explorant l'effet d'un certain nombre de paramètres : blindage des tubes, caractéristiques de la machine, chauffage des liquides traités, concentration des solutions mères, etc. En fait, le temps et l'énergie disponibles ont été monopolisés par un seul type de question. Comment rendre le dispositif biologique à la fois plus sensible et plus stable ? Comment éviter l'accusation de fraude et rendre le dispositif physique et chimique plus convainquant ?

Au lieu de chercher à convaincre des gens qui avaient le pouvoir institutionnel de refuser de l'entendre, je pense que Benveniste aurait dû poursuivre ses recherches d'exploration. Peut-être a-t-il été piégé par la simplicité du schéma expérimental. Ce schéma est si simple que Benveniste avait de bonnes raisons de croire que, à force de répéter les expériences et d'affiner le dispositif, il finirait bien par convaincre ceux qui ont le pouvoir de décision. Au début de 1994, ce retournement d'opinion ne s'était pas encore produit.

Plutôt que de s'adresser à des gens qui refusent d'écouter, sans examen sérieux de la situation, il aurait mieux valu chercher des alliés hors du cercle étroit des scientifiques influents. Je pense que ceci aurait été possible sans tomber dans la démagogie. Je crois par ailleurs qu'un chercheur travaillant dans un champ qui a été marginalisé doit refuser de réduire le débat aux seuls aspects d'apparence technique. En 1993, j'étais toutefois dans une position plus confortable que Benveniste puisque je n'avais rien à perdre, alors que lui risquait de perdre son outil de travail : le laboratoire allait être fermé et l'équipe risquait d'être dispersée.

Pour dire les choses autrement, je crois que la divergence entre Benveniste et moi portait sur la nature de ce que les scientifiques appellent « une expérience cruciale ». La plupart des scientifiques croient à la possibilité de telles expériences, dans lesquelles la Nature s'exprimerait de façon non ambiguë. Je pense que Benveniste partage cette croyance avec ses détracteurs. Quant à moi, je ne crois pas au pouvoir de conviction d'une expérience cruciale, à la fois parce qu'il n'est pas possible de construire des situations qui ne prêteraient le flanc à aucune critique et parce que le jugement sur ces situations contient toujours une part irréductible de subjectivité.

En ce qui me concerne, l'époque où je rédigeais consciencieusement des protocoles expérimentaux de démonstration pour des gens à qui les expériences de transmission posent des problèmes existentiels est révolue. Fatigué de parler à des sourds, je m'adresse à d'autres. Pour bien souligner que ce compte-rendu des expériences de transmission a été écrit sous ma seule responsabilité (comme le reste du livre d'ailleurs), j'ai choisi de le limiter essentiellement aux expériences en aveugle dont j'ai été personnellement témoin.

Le déroulement d'une expérience de transmission

Dans la description qui suit, j'adopte le point de vue d'un observateur extérieur. Dans cette description, j'utiliserai l'idée de « boîtes noires » déjà évoquée. Cette idée m'a permis de centrer mon attention sur l'énigme des expériences de transmission sans me perdre dans les détails techniques. Évidemment, cette attitude a un inconvénient : celui de m'interdire toute interprétation des expériences de transmission autre que celle qui consiste à dire qu'il se passe quelque chose d'inexplicable par les théories actuelles. À tort ou à raison, j'avais envie de me faire ma propre opinion sur ce point.

Du point de vue d'un observateur extérieur, une expérience de transmission se présente de la façon schématisée sur la figure. La machine de transmission se compose de deux boîtiers de couleur noire reliés entre eux par un fil électrique. Après avoir abaissé un interrupteur, l'opérateur place sur le boîtier de gauche un tube* marqué « OVA » (ovalbumine). Sur le boîtier de droite, il place un tube sans marque distinctive. Les deux tubes contiennent un liquide incolore. Après l'avoir laissé sur la bobine de droite pendant un quart

* Au début, Benveniste utilisait des ampoules de verre scellées. C'était plus spectaculaire que les tubes de plastique mais avait deux inconvénients. La préparation était délicate, en particulier parce que le verre est plus difficile à stériliser que le plastique. Par ailleurs, il fallait briser les ampoules pour en analyser le contenu.

Schéma d'une expérience de transmission

Préparation de deux liquides à comparer

Liquide de contrôle : eau pure

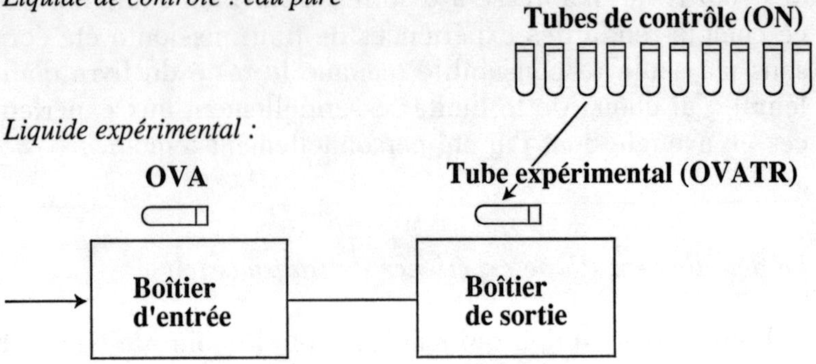

Test de l'activité biologique

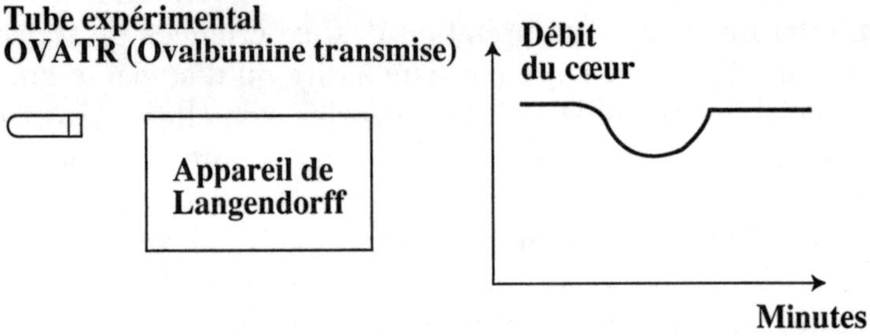

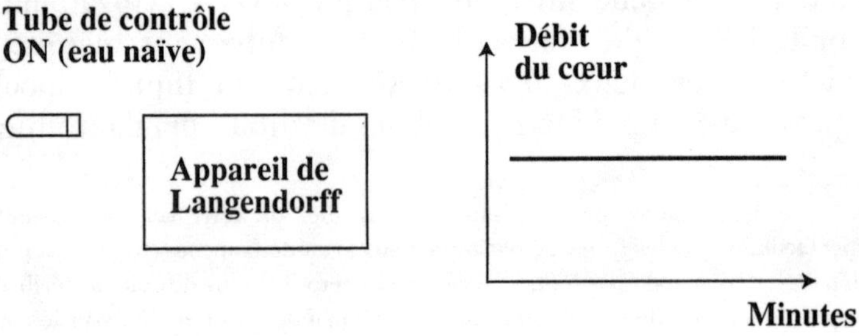

d'heure, l'opérateur identifie le tube en écrivant « OVATR » (ovalbumine transmise). Avec une seringue, il injectera un peu de ce liquide dans l'appareil de Langendorff qui sert à tester l'activité des liquides.

Si vous êtes venu assez tôt, vous pourrez voir l'opérateur tuer un cobaye ou un rat puis placer son cœur dans le circuit de Langendorff. Au bas de l'appareil, on voit des éprouvettes graduées qui permettent de recueillir le liquide qui s'écoule de l'appareil. Chaque minute, une nouvelle éprouvette graduée vient se mettre automatiquement en place pendant que l'opérateur note le niveau du liquide de l'éprouvette précédente. Si vous lui demandez ce qu'il fait, l'opérateur vous expliquera que la hauteur du liquide permet de mesurer comment le débit du cœur varie avec le temps en fonction du liquide qu'il a injecté.

Après la fin des mesures, l'opérateur vous montrera ses résultats. Ceux-ci consistent en colonnes de chiffres, une pour chaque liquide testé. Une des colonnes est marquée « OVATR » (ovalbumine transmise). Vous savez que l'ovalbumine est une molécule qui se trouve dans le blanc d'œuf, mais que signifie « transmise » ?

« Ovalbumine transmise » (OVATR) désigne le liquide du tube qui avait été placé sur le boîtier de droite pendant que le boîtier de gauche recevait un tube marqué OVA (ovalbumine). Si vous examinez la colonne intitulée OVATR, vous lirez une succession de chiffres qui ont varié puis sont revenus à leur valeur initiale : 4,2, 4,3, 4,2, 3,7, 3,3, 3,9, 4,1, 4,2, 4,2, etc. L'opérateur vous fera remarquer que, quatre minutes après avoir été injecté, le liquide OVATR a provoqué une baisse de 20 % dans le débit du cœur. Dans les colonnes qui correspondent à un liquide témoin, le débit reste stable au cours du temps.

Vous venez d'assister à un transfert chimique sans transport de matière. « Mais, direz-vous, je n'ai rien vu de tel. Tout ce que j'ai vu, ce sont des tubes qui étaient déplacés et marqués puis des colonnes de chiffres sur une feuille de papier ! » Vous avez tout à fait raison. Si vous voulez vous convaincre du fait que vous avez vraiment assisté à quelque chose d'aussi étrange que la transmission d'une propriété chimique sans transport de matière, vous devrez centrer votre attention sur la première phase de l'expérience, celle qui fait intervenir les tubes et la machine électrique. La meilleure façon de procéder serait de faire vous-même des expériences, en codant vous-même les tubes que vous donnerez à l'opérateur. L'expérience la plus simple que vous puissiez faire pourrait être du type suivant.

L'opérateur vous donne un tube marqué OVA et une vingtaine de tubes non marqués qui sont identiques. Une fois que vous êtes seul, vous placez le tube OVA sur la bobine de gauche et vous choisissez au hasard un des tubes non marqués, que vous placez sur la bobine de droite. Vous abaissez l'interrupteur et vous attendez quinze minutes. Après avoir attribué au hasard un chiffre compris entre 1 et 10 au tube de droite, vous en choisissez neuf autres au hasard, auxquels vous attribuez d'autres chiffres. Vous apportez les dix tubes codés à l'opérateur et vous attendez quelques jours qu'il vous communique la feuille de mesures correspondant aux dix tubes numérotés (un tube OVATR et neuf tubes témoins).

Sur cette feuille, vous constatez qu'une colonne et une seule parmi les dix correspond à une variation importante du débit cardiaque : celle qui porte le numéro que vous aviez choisi pour coder le tube OVATR. À ce moment, vous aurez peut-être envie de refaire d'autres expériences en aveugle, ou au moins d'y assister. C'est exactement ce que j'ai fait, comme je l'explique dans le sous-chapitre suivant. Auparavant, je dois préciser ce qu'étaient les « boîtes noires » dont j'ai parlé plus haut.

Quelqu'un qui s'intéresse à l'énigme des expériences de transmission doit d'abord se poser la question suivante : Pour me convaincre qu'il se passe quelque chose d'extraordinaire, de quelles informations est-ce que j'ai vraiment besoin et qu'est-ce que je peux ignorer au départ ? Ce que je n'ai pas besoin de savoir, je le considérerai comme une « boîte noire », dont je n'ai pas à connaître le contenu pour me faire une opinion sur la réalité d'une énigme des expériences de transmission.

Dans l'esprit que je viens d'indiquer, énumérons les boîtes noires des expériences de transmission. La première est une boîte noire de type physique ; elle comprend deux boîtiers reliés par un fil. Tout ce que j'ai besoin de savoir à propos de cette première boîte noire est qu'elle comporte une entrée (la bobine de gauche) et une sortie (la bobine de droite). La deuxième boîte noire est de type biologique. Elle comprend une série d'animaux (qui ont été immunisés d'une certaine façon un nombre de jours bien défini avant l'expérience) et le système de Langendorff (avec un cœur provenant d'un des animaux, un circuit de perfusion en plastique, des éprouvettes graduées pour mesurer le débit, etc.). Tout ce que j'ai besoin de savoir sur cette boîte noire biologique est ce que j'ai marqué au bas de la figure : à l'entrée se trouve un tube ; à la sortie, le système de mesure produit une courbe. Le troisième type de boîtes noires est de type chimique : un tube OVA et un jeu de tubes non marqués. Pour illustrer le fait qu'un observateur critique n'a pas besoin des mêmes informations que les expérimentateurs, considérons la deuxième boîte noire chimique, celle qui est censée contenir des tubes d'eau ultrapure.

L'expérimentateur cherche à mettre en évidence une différence éventuelle entre le tube traité (OVATR) et les tubes témoins. Si certains tubes témoins sont contaminés (par exemple par un produit bactérien qui agit sur le cœur, tel que l'endotoxine), l'expérience sera ratée. Mais la pureté des liquides témoins est le problème de l'expérimentateur, pas le vôtre. Tout ce que vous avez besoin de savoir et de comprendre est que, à cause d'éventuels problèmes de contamination, il faudra répéter les expériences pour qu'elles soient vraiment significatives.

Les problèmes de contamination des liquides témoins

n'étaient pas rares, surtout au début. Ils ont été en partie résolus par le chauffage systématique des tubes avant les expériences. Du point de vue de l'observateur critique, la seule chose importante pour l'interprétation de l'expérience est de s'assurer que *tous les tubes témoins sont équivalents* * *entre eux et sont équivalents à celui qui a été traité par la machine*. Une fois ceci acquis, les différences systématiques observées entre le tube OVATR et les témoins ne peuvent provenir que du facteur unique qui les distingue : le fait d'avoir ou non été traités par la machine de transmission.

Autrement dit, ce dont j'ai été témoin et que je rapporte dans le sous-chapitre suivant et dans l'annexe 3 m'a amené à la conclusion suivante : les variations biologiques mesurées sont statistiquement associées à la conjonction de deux événements : 1) la machine électrique a été mise en marche, 2) un tube rempli de liquide a été placé sur la bobine d'entrée de la machine.

Témoignage personnel à propos de dix expériences de transmission conduites en aveugle

En dehors de la première expérience publique déjà mentionnée, j'ai assisté à six des sept expériences de ce genre qui ont été conduites en aveugle entre juillet 1992 et décembre 1993. En fait, j'ai personnellement organisé quatre d'entre elles. Par ailleurs, j'ai mené seul trois expériences dont j'ai codé les tubes. Toutes les expériences de démonstration publiques ont été réalisées d'une façon telle que, avant la séance publique de décodage, personne ne pouvait connaître la correspondance entre les numéros de code des tubes et leur signification, même pas ceux qui exécutaient l'expé-

* En termes statistiques, on dira qu'il s'agit d'objets issus de la même population, ce qui signifie qu'il n'y a entre eux aucune différence systématique mais seulement d'éventuelles différences réparties au hasard.

rience ni ceux qui les observaient. La méthode employée pour atteindre cet objectif est décrite à l'annexe 3. Il faudrait supposer un système de fraude assez élaboré, qui impliquerait de nombreux scientifiques (dont moi-même), pour pouvoir conclure que Benveniste et ses collaborateurs ont utilisé d'autres modes de reconnaissance des tubes que ceux qu'ils annoncent.

À moins de s'accrocher à l'idée d'une fraude, je ne vois pas comment on peut éviter la conclusion que les expériences de transmission de Benveniste représentent une vraie découverte. En fait, je n'ai que trop bien vu comment les scientifiques ont évité cette conclusion : ils se sont arrangés pour ne pas être confrontés aux observations rapportées par Benveniste et ont fui toute discussion. En ce qui me concerne, la conclusion qui m'apparaît inévitable est la suivante : sous l'action d'un appareil électrique, quelque chose a voyagé de l'intérieur d'un tube fermé vers l'intérieur d'un autre tube fermé. Ce « quelque chose » a ensuite été détecté biologiquement dans de l'eau apparemment pure. Le résumé des résultats des dix expériences présentées à l'annexe 3 est donné dans le tableau ci-dessous.

RÉSULTATS DE DIX EXPÉRIENCES
DE TRANSMISSION EN AVEUGLE

Date	*Dispositif*		*Résultats moyens*			*Écarts*
	Nb de tubes	Nb de cœurs	OVA	OVATR	EAU	(OVATR-EAU)/OVA
9/7/92	10	2	100 %	58 %	5 %	+0,53
28/9/92	15	7	25 %	14 %	6 %	+0,32
21/4/93	3	4	37 %	38 %	4 %	+0,92
13/5/93	10	2	73 %	51 %	4 %	+0,64
13/5/93	10	2	39 %	3 %	4 %	– 0,03
13/5/93	10	2	38 %	2 %	4 %	– 0,05
13/5/93	10	2	33 %	14 %	2 %	+ 0,36
8/12/93	10	2	61 %	15 %	6 %	+ 0,15
29/12/93	8	2	15 %	9 %	4 %	+ 0,33
30/12/93	8	2	26 %	12 %	3 %	+ 0,35

La première colonne du tableau donne la date à laquelle l'expérience de transmission proprement dite a été réalisée. Les analyses biologiques ont généralement commencé le jour même et ont duré plusieurs jours. La durée de ces mesures dépendait du nombre des tubes à tester (colonne 2) et du nombre de cœurs utilisés pour répéter les mesures (colonne 3).

Les résultats des tests biologiques sont donnés dans les trois colonnes suivantes. Ces résultats sont exprimés en pourcentage de variation du flux coronaire. La colonne OVA correspond au test de calibrage de la sensibilité des cœurs, quand ils sont stimulés par une solution standard d'ovalbumine. On voit que, comme dans le cas des basophiles, la sensibilité du détecteur variait beaucoup. Dans les expériences rapportées ici, cette sensibilité a varié de 100 % en juillet 1992 à 15 % le 29 décembre 1993.

Dans le tableau, les résultats de chaque expérience sont résumés dans la dernière colonne. Si l'on considère par exemple la première expérience, on soustrait l'effet observé sur le témoin (5 %) de l'effet observé sur l'ovalbumine transmise (58 %) et on divise cette différence par la sensibilité du détecteur (100 %), d'où la valeur +0,53.

La signification des expériences de transmission

Pris dans leur ensemble, ces résultats sont tout à fait significatifs. Je ne veux pas dire par là que je sois certain que Benveniste a forcément raison quand il dit que les expériences qu'il a réalisées démontrent l'existence d'un transfert électromagnétique d'une propriété chimique. Ce qui par contre me semble assuré est que ses expériences permettent d'éliminer les interprétations triviales suivantes : A) une contamination chimique ou biologique des tubes, B) des fluctuations au hasard, en particulier celles qui seraient dues aux fluctuations du système de mesure biologique.

À partir des expériences rapportées ici et des dizaines d'autres dont j'ai vu les résultats par ailleurs, je conclus que les expériences de transmission de Benveniste fournissent une indication très sérieuse de l'existence d'un agent chimique qui se transmettrait sans qu'il y ait transport des molécules chimiques correspondantes. Comme dans le cas de la mémoire de l'eau, on passerait d'une vision purement structurelle à une vision informationnelle de l'activité chimique.

Malheureusement, comme Benveniste a choisi de faire porter tous ses efforts sur le fait de convaincre ses collègues de l'existence du phénomène de transmission, il n'a pas exploré les pistes de recherche qui auraient pu éventuellement fournir des éclaircissements sur la nature de cet étrange phénomène. À mon avis, trois questions restent insuffisamment explorées :

1) Dans quelle mesure l'information qui a été transmise est-elle spécifique de l'ovalbumine ?

2) Quels sont les mécanismes qui permettraient de comprendre que « quelque chose » s'est propagé, puis a été retenu par de l'eau, pour enfin agir sur le cœur d'un animal qui avait été immunisé ?

3) Est-ce que l'eau ainsi activée par transmission est la même que celle que l'on obtiendrait en préparant une haute dilution d'ovalbumine ?

En ce qui concerne la première question, mon point de vue actuel est le suivant : les expériences qui ont été réalisées avec un autre type d'immunisation ou en l'absence d'immunisation suggèrent que l'agent transmis serait spécifique de l'ovalbumine, au moins en partie.

En ce qui concerne la deuxième question, je ne sais pas si Benveniste a vraiment raison quand il dit que le signal chimique est propagé par des ondes électromagnétiques émises par la molécule. En effet, les indications en faveur de cette interprétation me semblent encore assez indirectes. Une précision s'impose sur la nature de l'anomalie mise en évidence par Benveniste. Ce qui est étrange n'est pas que des molécules émettent des signaux électromagnétiques spécifiques. En effet, une bonne partie des informations que les astrophysiciens recueillent sont de cette nature. Mais il y a trois différences importantes. La première est que, pour émettre un signal, les molécules ont besoin d'être excitées. La deuxième est que les signaux provoqués par l'excitation sont d'une fréquence beaucoup plus élevée que ce qu'un vulgaire amplificateur pourrait transmettre. Par ailleurs, on ne voit pas pour l'instant comment ce signal pourrait d'abord être emprisonné par l'eau puis agir sur des cellules vivantes. Dans l'analyse des différentes anomalies, on retombe toujours sur le même trio : de l'eau, des champs de basse fréquence et des cellules vivantes.

La dernière question est la moins difficile à explorer de façon directe et Benveniste avait commencé à le faire en étudiant l'effet de la température sur l'activité des liquides préalablement activés par transmission. Cette activité disparaît au chauffage, comme dans le cas des hautes dilutions. Resterait à confirmer ces expériences et à les prolonger par d'autres du même type.

En conclusion, j'ai l'impression d'avoir assisté à une variante du scénario de 1988, après lequel la recherche sur les hautes dilutions s'était enlisée dans la poursuite d'une preuve. En ce qui concerne les transmissions, je pense qu'une recherche importante est actuellement paralysée par un fardeau de la preuve imposé par des gens qui, de toute façon et quoi qu'il arrive, sont bien décidés à ne pas en tenir compte. Je pense que Benveniste s'est laissé piéger par une version scientifique du jeu « Pile je gagne, face tu perds ». Quand il réussit à faire venir quelqu'un pour observer une expérience, de deux choses l'une : soit l'expérience ne réussit pas totalement et le visiteur s'en va rassuré puis fait savoir partout que les expériences ne marchent pas, soit elle réussit et le visiteur dit qu'il faudrait recommencer mais il évite de revenir, ce qui lui épargne les angoisses de l'inconnu.

Pour terminer cette première partie du livre, j'aimerais souligner que ce dont j'ai voulu témoigner n'est pas tant la réalité des phénomènes rapportés par Benveniste (réalité que seul le recul du temps pourra confirmer ou infirmer), que le fait que ces phénomènes auraient mérité d'être très sérieusement examinés. Le moins que je puisse dire est que cela n'a pas été le cas jusqu'ici. Il est tout à fait possible d'imaginer que l'interprétation des expériences sur les hautes dilutions et sur les transmissions soit un jour modifiée ou qu'à la suite d'autres expériences l'idée d'une mémoire de l'eau soit complètement abandonnée. Ce qui par contre ne pourra pas être modifié sans falsifier l'histoire est le fait qu'une communauté scientifique ait été aussi ferme dans sa détermination à dire : « Je ne veux pas le savoir. » C'est ce que nous allons maintenant examiner.

DEUXIÈME PARTIE

Une peur panique de l'inconnu : « Je ne veux pas le savoir »

Comme la chasse au délinquant juvénile évoquée par Prévert *, la chasse aux sorcières scientifiques se pratique sans permis. Dans cette chasse, tous les coups sont autorisés. Face à ce déferlement d'irrationalité, comment vais-je me positionner ? Vais-je tracer un contre-portrait de Benveniste, pour susciter la sympathie, l'admiration ou la pitié ? Vais-je au contraire évoquer ses défauts, ses erreurs, ses maladresses ? Dans l'affaire de la mémoire de l'eau, comme dans beaucoup d'autres, le fait de centrer l'attention sur des personnes précises contribue à occulter les enjeux essentiels. C'est pourquoi j'ai fait le choix de décentrer le débat de la personne de Benveniste.

Dans la Grèce antique, quand un coureur apportait une mauvaise nouvelle telle que la perte d'une bataille, il risquait d'être mis à mort. Les mises à mort contemporaines en réaction à un message vécu comme insupportable sont moins sauvages, parce que plus symboliques. Les Anciens avaient toutefois sur nous un avantage : s'ils tuaient le messager, ils ne déniaient pas le contenu du message.

Dans l'affaire de la mémoire de l'eau, plutôt que de contri-

---

* « Bandit ! Voyou ! Voleur ! Chenapan ! C'est la meute des honnêtes gens qui font la chasse à l'enfant. Pour chasser l'enfant, pas besoin de permis. Tous les braves gens s'y sont mis... »

buer à sauver ou à assassiner le messager, je préfère contribuer à décrypter le message. Pour pouvoir être entendu à travers le bruit et la fureur des intégristes de la science, il faut appeler un chat un chat. D'où le choix de termes comme ceux de censure, de rapports de force et d'aliénation.

La censure implique une contrainte, pour empêcher les gens de connaître ce que l'on souhaite leur cacher. Souvent pour leur propre bien, comme dans le cas de la mémoire de l'eau, où il s'agit de protéger le bon peuple des méfaits de l'obscurantisme homéopathique. Je pense toutefois que la contrainte la plus efficace est celle que l'on s'impose à soi-même parce qu'on l'a intériorisée et que la contrainte extérieure serait insuffisante si la plupart des gens n'y adhéraient pas. De ce point de vue, les chercheurs me semblent particulièrement aliénés.

Je ne crois pas à la distinction manichéenne entre ceux qui détiendraient le pouvoir malfaisant d'empêcher les autres de connaître et ceux qui voudraient bien connaître mais en seraient empêchés. Dans les phénomènes que je décris, je pense que la censure, l'autocensure et l'adhésion sincère aux normes du milieu scientifique sont inextricablement liées. C'est donc pour la seule commodité de l'exposé que j'ai distingué les obstacles à la connaissance qui relèvent plutôt du rapport de force et ceux qui relèvent plutôt de l'aliénation des chercheurs (et de ceux qui les ont placés sur un piédestal).

Il serait naïf ou malhonnête de ma part de nier les sentiments d'indignation que j'ai parfois ressentis au cours de mon enquête. Mais, une fois passé le premier mouvement d'humeur, il s'agit de comprendre et éventuellement d'agir à bon escient. Mon but a été de fournir des repères et des grilles de lecture à propos de l'affaire de la mémoire de l'eau, en espérant que ces grilles et ces repères seront utiles aux lecteurs pour décrypter le sens d'autres affaires analogues.

C'est pourquoi j'ai choisi une présentation thématique des obstacles à la communication scientifique plutôt qu'une présentation chronologique et événementielle.

Chapitre 4

Rassurez-vous, les experts ne sont pas inquiets

« Faut-il attendre que plus de six Chaperons rouges aient été mangés par des loups pour leur déconseiller d'utiliser les sentiers de forêt ? Faut-il organiser une étude impeccable permettant de comparer de façon "significative", à partir de deux groupes d'enfants tirés au sort, la moyenne des Chaperons rouges mangés parmi ceux qui auront soit traversé soit évité la forêt ? »

Élisabeth Dufourcq, *Le Monde*.

Je pense qu'un des obstacles à la résolution de l'affaire de la mémoire de l'eau est l'idée qu'il s'agirait d'une affaire sans précédent. Alors que dans le chapitre introductif de la première partie, je cherchais à placer cette affaire dans son contexte scientifique, je cherche ici à la placer dans son contexte médical, historique et sociologique. Ce faisant, je tente d'atteindre deux objectifs. L'un est d'attirer l'attention sur l'importance de l'enjeu, sans l'exagérer mais sans le minimiser non plus. L'autre est de décentrer le regard en présentant des cas analogues, pour fournir un contexte.

Le rôle des experts dans la société

Dans le domaine de l'information économique, du débat politique ou du jugement judiciaire, nous nous méfions des experts. Par contre, quand il s'agit d'information scientifique, nous sommes souvent très crédules. Il est aussi naïf de croire à une vérité parce qu'elle est imprimée dans un journal intitulé *Science* que de croire à une vérité parce qu'elle est imprimée dans un journal intitulé *La Vérité* (*Pravda*). Parmi les experts comme parmi les citoyens, on commence toutefois à prendre conscience des dangers d'une croyance aveugle en l'infaillibilité de la « communauté scientifique ». Ces dangers semblent particulièrement importants pour la démocratie et pour la santé publique.

À l'occasion d'une réunion internationale sur la pollution et sur ses effets climatiques, d'éminents chercheurs (dont plusieurs lauréats du prix Nobel) ont lancé un manifeste connu sous le nom d'appel d'Heidelberg. Dans cet appel, ils déclarent :

> Nous adhérons totalement aux objectifs d'une écologie scientifique axée sur la prise en compte, le contrôle et la préservation des ressources naturelles. Toutefois, nous demandons formellement par le présent appel que cette prise en compte, ce contrôle et cette préservation soient fondés sur des critères scientifiques et non sur des préjugés irrationnels.

En fait, c'est surtout leur peur de perdre le monopole de la connaissance rationnelle que les scientifiques ont manifestée. D'où l'accusation d'irrationalité qu'ils utilisent contre ceux qui contestent ce monopole. À propos de l'irrationalité, j'ai souvent constaté que, comme le bon sens, l'irrationalité est la chose du monde la mieux partagée. Les scientifiques n'en sont pas dépourvus, surtout quand ils déclarent lutter contre l'obscurantisme.

D'autres chercheurs, moins éminents que les précédents,

ont pris position contre l'appel d'Heidelberg. Certains d'entre eux veulent « mettre sur la place publique une expertise multiple et contradictoire ». Pour eux, le choix n'est pas entre la confiance aveugle en quelques notables de la science, d'une part, et la démagogie, d'autre part. Il y a une troisième voie qui est celle du débat et surtout de la tolérance face à la diversité. Dans un article récent, un expert écrivait à propos de la gestion des risques :

> Les profanes ont une définition différente et plus large des risques que celle des experts ; sur certains points importants, cette définition profane peut être plus rationnelle que la définition étroite choisie par les experts. [...] Le choix qui consiste à confier la politique [de gestion des risques] à une commission d'experts travaillant à huis clos s'est soldé par un échec, et ceci pour deux raisons. D'une part, la politique ainsi définie peut laisser de côté certaines considérations sociales importantes ; par ailleurs, cette politique risque de s'avérer impossible à mettre en œuvre à cause de la résistance populaire qu'elle suscite.

Contrairement à ce que l'on pourrait croire, cette prise de position inhabituelle n'a pas été publiée dans une lettre à une revue gauchiste ou à un magazine de médecine alternative. Elle a été présentée dans un article publié par un des piliers de l'institution scientifique, à savoir le *Scientific American*. Cette revue de vulgarisation de haut niveau est l'équivalent international de *La Recherche* dans les pays francophones.

La question des risques sanitaires me semble être une des plus efficaces pour créer une faille dans le béton des certitudes scientifiques. Dans ce chapitre, j'illustre les risques d'une trop grande confiance envers les experts à partir de problèmes sanitaires qui n'ont pas de liens directs avec la querelle de la mémoire de l'eau, à part le dernier exemple. Mon objectif est d'illustrer les dangers de l'attitude traditionnelle, qui consiste à placer le fardeau de la preuve exclusivement sur l'importun qui pousse un cri d'alarme.

Dans le domaine scientifique, comme dans celui des risques sanitaires, les cris d'alarme se sont parfois révélés injustifiés. C'est ainsi que des scientifiques suisses ont reconnu récemment que leurs déclarations alarmistes sur la mort des forêts s'étaient révélées exagérées. Toutefois, quand la santé est en jeu, il faut veiller à ce que la prudence scientifique ne soit pas utilisée comme un alibi du dogmatisme ou de l'arrogance intellectuelle.

Des affaires comme celle de la mémoire de l'eau ou celle du sang contaminé présentent un miroir grossissant des dysfonctionnements de la communication scientifique. Par le biais de telles affaires, les dangers d'un monopole des savoirs commencent à être discutés, mais le risque est de chercher à tout prix quelques « coupables », comme dans le cas du sang contaminé.

Le « je ne veux pas le savoir » ne concerne pas seulement quelques experts imbus du pouvoir que leur confèrent des savoirs techniques. Il nous concerne aussi, dans la mesure où nous nous démettons sur eux de questions qui, au moins en partie, sont des problèmes de société. Ce genre de démission me semble patent quand on demande à des médecins de prendre en charge un mal-être à la fois psychologique et social, au moyen d'arrêts de travail et de tranquillisants. De même, nous nous déchargeons sur d'autres spécialistes (assistantes sociales ou éducateurs de rue) d'un problème comme la drogue qui nous concerne tous.

Je ne crois pas à une nuit du 4 août des privilégiés de l'information. J'y crois d'autant moins que ce privilège arrange tout le monde. Jusqu'ici, c'est hors du milieu de la recherche que j'ai trouvé les analyses qui m'ont paru les plus susceptibles de faire avancer les choses et c'est là que je pense avoir le plus de chances de contribuer à cette avancée. Je tiens toutefois à préciser que j'ai aussi tenté dans mon propre milieu professionnel de mettre en garde contre l'excès de pouvoirs accordés aux experts. C'est ainsi que, dans la conclusion du livre que j'ai écrit avec un généticien de Harvard, nous déclarions :

> L'idée que ce ne soient pas les scientifiques qui posséderaient la part la plus importante des connaissances actuelles sur le comportement humain, et particulièrement sur l'intelligence humaine, n'est sans doute pas très prisée parmi les docteurs en psychologie. Mais ceux qui croient avoir le monopole de quelque chose ne sont peut-être pas les meilleurs juges de la légitimité de ce monopole.[...] Il se peut que l'autorité scientifique accordée à quelques-uns en ce qui concerne le fonctionnement de l'esprit humain soit donc en grande partie le résultat d'une usurpation.
>
> Pour dire les choses de façon positive, ceci signifierait que tout le monde, y compris les scientifiques, gagnerait à un échange de connaissances entre ceux qui tentent d'interpréter le monde des affaires humaines et ceux qui tentent de le changer.

Inutile de dire que de telles idées ne font pas l'unanimité dans le milieu. C'est ainsi que, dans une critique de notre livre publiée par la revue *Nature*, l'auteur suggéra que nous faisions partie de ceux qui croient encore que la Terre est plate et il évoqua le spectre de Mao. Notre ouvrage ne méritait ni tant d'honneur ni tant d'indignité.

Une contamination inexplicable : l'affaire Semmelweis

Chaque ville de France d'une certaine importance a une rue commémorant le nom de Pasteur. Comme Marie Curie et quelques autres, Pasteur occupe une place privilégiée dans l'imaginaire des Français. Peu de gens savent que, vingt ans avant Pasteur, un médecin hongrois du nom de Semmelweis avait découvert l'asepsie, ou tout au moins l'avait mise en évidence de façon scientifique. Si je parle de cette affaire, ce n'est pas pour taquiner les Français, qui ne sont pas plus chauvins que d'autres, ni pour entrer dans une de ces sordides querelles de priorité qui traversent l'histoire des sciences, mais parce qu'elle peut être pleine d'enseignements.

Un chirurgien des armées de Napoléon dont j'ai oublié le nom avait la réputation d'avoir beaucoup plus de chances que ses collègues : la proportion de survivants parmi ses patients était exceptionnellement élevée pour l'époque. Cet homme, qui était peut-être d'un tempérament obsessionnel, avait l'habitude de se laver les mains avant les opérations. Nous savons maintenant que ce geste très simple diminuait les risques d'infection parce qu'il éliminait une partie des microbes que le chirurgien portait sur les mains.

Semmelweis avait remarqué (oh ! sacrilège !) que les femmes qui accouchaient chez elles avaient moins de risques de mourir en couches que celles qui accouchaient à l'hôpital. À partir de sa pratique de l'obstétrique, il transforma progressivement des coïncidences curieuses en faits scientifiques. Semmelweis se lavait les mains avec ce que l'on appelle aujourd'hui un antiseptique et il recommandait à son entourage d'en faire autant. Il ne se contenta pas d'une pratique ni d'un enseignement. Il étudia systématiquement les facteurs susceptibles d'expliquer la différence de mortalité importante entre les femmes qu'il aidait à accoucher et celles prises en charge par ses collègues. Inutile de dire qu'il ne se fit pas d'amis parmi eux. Sa démarche n'en fut pas moins un modèle de recherche expérimentale et il démontra de façon rigoureuse que la cause de cette différence résidait bien dans un facteur unique : le fait de se laver les mains.

Contrairement à Pasteur, Semmelweis ne trouva pas l'explication du phénomène qu'il avait découvert. Il publia sa découverte dans un ouvrage technique très détaillé, mais ne réussit pas à convaincre ses collègues. Plutôt que d'en rechercher l'explication, on refusa de prendre en compte le phénomène nouveau. Quelques millions de mortes plus tard, la découverte de Semmelweis finit par être reconnue, et l'on se résolut à prendre les mesures d'hygiène qu'il avait vainement réclamées. Longtemps après sa mort, une souscription internationale permit de lui ériger une statue dans sa ville natale, statue dont la plaque qualifiait Semmelweis de bienfaiteur de l'humanité.

Je ne connais pas d'affaire qui soit plus à même d'illustrer les dangers du dogmatisme scientifique, de façon à la fois convaincante pour nos contemporains et non culpabilisante pour eux. On ne peut pas modifier le passé, mais on peut en tirer des leçons. Tel est, ou plutôt devrait être, le rôle de l'enseignement de l'Histoire, y compris sous ses formes stéréotypées et mythiques. Que Pasteur soit mythifié, pourquoi pas ? Mais quel dommage de ne pas profiter de l'affaire Semmelweis pour sensibiliser chacun, et en particulier chaque étudiant en médecine, aux dangers d'une trop grande confiance dans les connaissances actuelles !

D'après ce que j'ai pu voir dans des traités d'obstétrique de langue française, ce n'est pas le cas. La plupart ignorent l'affaire Semmelweis. Un manuel l'évoque très sommairement mais se contente d'insister sur la nécessité de l'asepsie, en soulignant que le relâchement de la vigilance à ce sujet peut encore faire des dégâts. En ce qui concerne l'hygiène élémentaire et ses liens avec l'asepsie, les appels à la vigilance n'ont rien d'anachronique. Il y a en ce moment même en France (et sans doute ailleurs) un scandale de l'infection de malades dans les hôpitaux. Attribuant la baisse de vigilance du personnel hospitalier à une trop grande confiance dans les antibiotiques, le professeur Dausset déclarait à une commission d'enquête de l'Assemblée nationale : « Cette négligence entraîne la mort de neuf mille patients par an, autant que sur les routes. »

Personnellement, je pense qu'il faudrait également insister sur la nécessaire vigilance par rapport au dogmatisme scientifique, qui lui aussi peut faire des dégâts. Il est courant de croire que, si les scientifiques se sont souvent trompés dans le passé, nos connaissances actuelles, elles, sont solides. Il s'agit là d'une illusion, liée à ce qu'un sociologue de la science appelle l'ethnocentrisme du présent. En réalité, l'hérésie d'hier est devenue l'orthodoxie d'aujourd'hui, qui elle-même sera peut-être corrigée demain. Il y a encore du pain sur la planche pour ceux qui veulent lutter contre le dogmatisme dans la science.

Si c'était vrai, ça se saurait !

Le « je ne comprends pas, donc c'est impossible » peut s'entendre comme une forme de rigidité mentale, et nous reviendrons sur ce point. Il peut aussi se comprendre comme une profession de foi dans la communauté scientifique. Cette profession de foi revient à croire que, « si c'était vrai, ça se saurait ». Westrum, un sociologue de la science qui s'est intéressé à cette croyance, a analysé un cas qui met bien en évidence son caractère mystificateur. Il s'agit du syndrome de l'enfant battu.

L'intérêt de cette affaire en tant qu'exemple d'occultation par le discours savant est qu'il s'agit d'un phénomène qui laisse des traces objectives visibles aux rayons X : des fractures multiples des os chez de jeunes enfants. Ce syndrome a été décrit dès 1860, mais il n'a commencé à être étudié qu'en 1938. En 1946, soit huit ans après ses premières observations, un pédiatre spécialisé en radiologie publia un article rapportant six cas d'enfants battus. Pour rester dans la norme scientifique, l'auteur donna à son article un titre très technique. Publié par une revue de radiologie, il passa inaperçu. Par la suite, des articles furent publiés par d'autres médecins dans la revue de l'Association médicale des États-Unis. Ces articles auraient dû alerter le corps médical. Il n'en fut rien.

Ce n'est qu'en 1962, soit vingt-quatre ans après la découverte des premiers cas et seize ans après leur publication, que l'Académie américaine de pédiatrie publia les résultats d'une enquête révélant l'existence de 749 cas d'enfants battus. La réaction populaire fut très forte et le syndrome de l'enfant battu devint soudain un phénomène massif. En 1976, le nombre des cas se chiffrait par centaines de milliers. Ainsi, par la simple modification du regard social porté sur lui, un fait objectivable par des radiographies avait changé de statut. De phénomène contesté, rare ou inexistant, il était devenu ce qu'il avait toujours été, mais sans que cela soit admis : un problème majeur de santé publique et d'hygiène sociale. Cet exemple illustre la vérité de La Palice d'après laquelle, pour avoir des chances de voir, il faut commencer par regarder.

Le recul historique permettant de ne pas oublier cette évidence semble avoir manqué aux membres du Conseil scientifique de l'INSERM. Dans une motion de censure des travaux de Benveniste sur les hautes dilutions, motion qui a été votée à l'unanimité moins une voix, on peut lire :

> Seul l'élargissement à d'autres systèmes cellulaires plus simples permettrait d'apporter quelque généralité à ces résultats *avant d'affirmer que certains phénomènes ont échappé à deux cents ans de recherche chimique* *.

Dans ce cas précis, l'accusation contre Benveniste ne s'appuie pas seulement sur un raisonnement faux (si c'était vrai, ça se saurait), mais aussi sur une contre-vérité factuelle : loin d'affirmer avoir été le premier à mettre en évidence des effets de hautes dilutions par des expériences scientifiques, Benveniste citait dans son article de *Nature* deux équipes qui l'ont précédé dans cette voie. Par ailleurs, il citait également un travail de sa propre équipe sur un autre système cellulaire, de sorte que, à l'époque, des effets de hautes dilutions avaient déjà été publiés à propos de quatre

* C'est moi qui souligne. On notera qu'une assemblée de biologistes se réclame de la chimie pour contester la réalité d'effets biologiques de dilutions homéopathiques.

systèmes biologiques différents. À la fin de leur motion de censure, les membres du Conseil scientifique de l'INSERM associent les recherches sur les hautes dilutions à l'obscurantisme. On peut se demander si les auteurs de la motion de censure ont seulement lu l'article de *Nature* qu'ils critiquaient.

Une variante du « si c'était vrai ça se saurait » consiste à dire, ou du moins à penser : « Si c'était vrai, JE le saurais. » Les scientifiques s'imaginent que, dans leur domaine d'expertise, rien ne saurait leur échapper. Dès qu'ils atteignent une certaine notoriété, les chercheurs sont guettés par le risque de croire « la science, c'est moi ». J'ai été témoin d'un exemple de cette naïveté au cours de la visite d'une commission de l'INSERM déjà évoquée au chapitre sur les transmissions. Au début de cette visite, un spécialiste de physiologie cardiaque exprima son scepticisme quant à la réalité d'effets de hautes dilutions, en signalant que lui n'avait jamais observé de tels effets.

La naïveté de cette remarque me fit penser à une histoire que m'a racontée ma mère à propos de sa propre mère. À l'âge où l'on découvre le monde et ses injustices, ma mère dit : « Maman, tu te rends compte, il y a des gens qui vivent avec moins de trois mille francs par mois ! » Réponse de ma grand-mère : « Des gens comme ça, je n'en ai jamais rencontré. » Compte tenu de la situation institutionnelle, je n'ai pas raconté mon anecdote. J'ai même évité de poser la question évidente : l'expert s'était-il placé dans des conditions qui auraient pu lui permettre d'observer des effets biologiques de hautes dilutions ? Avait-il utilisé des cœurs d'animaux préalablement immunisés, comme l'avait fait Benveniste ? Avait-il cherché à augmenter la sensibilité de son système de détection ? En aparté, je me suis contenté de lui suggérer une collaboration avec l'Unité 200 de l'INSERM. En réponse, je me suis entendu dire que les collègues ne seraient sans doute pas d'accord et qu'il faudrait aussi que l'INSERM accorde à son laboratoire une subvention de plusieurs dizaines de milliers de francs.

Une autre variante du « si c'était vrai, ça se saurait » est « si c'est vrai, ça finira bien par se savoir ». Cet optimisme repose sur un cercle vicieux de même nature que celui qui consisterait à penser à propos d'un procès que, s'il y a eu erreur judiciaire, ça finira par se savoir. Dans le cas des sciences, l'histoire peut nous fournir des exemples de découvertes qui ont été retardées, mais, par définition, on ne peut pas connaître celles qui ont été étouffées. Bien qu'elle soit encore largement dominante, la vision panglossienne de la science est parfois mise en cause. On commence à mieux comprendre la composante sociale de l'entreprise scientifique. Dans un milieu par trop hostile à l'innovation scientifique radicale, non seulement celle-ci a peu de chance de naître mais, si par hasard elle surgit, elle risque fort d'être tuée dans l'œuf.

Pour clore ces considérations sur la naïveté scientifique, je voudrais signaler que certains chercheurs, et non des moindres, se sont parfois montrés sceptiques à propos du dogme de l'infaillibilité de la communauté scientifique. C'est ainsi qu'un ancien physicien, devenu directeur général du CNRS puis ministre de la Recherche, déclara avec humour pour calmer le jeu à propos de la mémoire de l'eau :

> S'il se présentait au CNRS, Dieu serait collé. Il a fait une manip intéressante, mais personne n'a jamais réussi à la reproduire. Il a expliqué ses travaux dans une grosse publication, il y a très longtemps, mais ce n'était même pas en anglais, et, depuis, il n'a plus rien publié.

Contrairement aux biologistes de l'INSERM, cet ancien physicien savait que les phénomènes liés à la vie sont parfois complexes et difficiles à reproduire.

Biomagnétisme et cancer :
pas d'inquiétude, nous n'y croyons pas !

Des ethnologues ont décrit les comportements magiques de peuples dits primitifs qui cherchent à exorciser un danger par des procédures rituelles. Dans nos sociétés modernes, le rite d'exorcisme s'appelle le rapport d'experts. L'exemple présenté ici concerne un rapport que l'EDF a demandé à l'INSERM. Ce rapport s'intitule : « Effets des champs électriques et magnétiques de très basse fréquence sur la santé. Analyse de la littérature épidémiologique ». Le 25 février 1993, lors d'une conférence de presse annonçant les conclusions de ce rapport, l'EDF distribua un document d'une page déclarant :

> Ce rapport a été réalisé par l'INSERM sous la responsabilité du professeur Joseph Lellouch. Il est le fruit d'un travail approfondi et exhaustif à partir d'informations nombreuses, contradictoires et souvent controversées ; il en constitue une bonne analyse.
>
> *Il permet d'exclure un rôle des champs magnétiques* * dans l'apparition de nombreuses pathologies pour lesquelles leur influence avait été recherchée : effets généraux sur la santé, dépression, suicide, effets sur la grossesse et *cancer chez les enfants de personnes exposées* *.
>
> En s'appuyant en particulier sur les résultats d'études réalisées notamment en Suède, études innovantes sur le plan méthodologique mais qui soulèvent certaines questions (maladies différentes suivant les études, choix de seuils arbitraires et disparates, absence de corrélation entre champs mesurés et effets, très faible nombre de cas observés), le rapport estime que « *les résultats épidémiologiques actuellement disponibles ne permettent pas d'exclure un rôle des champs électromagnétiques dans l'apparition de leucémies* * ». Ce risque, s'il existe, est à la limite de la détection par les méthodes épidé-

* C'est moi qui souligne.

miologiques, qui ne peuvent fournir actuellement de conclusions formelles.

Commençons par le texte de l'EDF. Celui-ci souligne à la fois la qualité du rapport des experts et la faiblesse des études analysées. En réalité, dans la conclusion des experts, ce n'étaient pas les études sur le cancer qui étaient critiquées de la façon la plus vigoureuse, mais les études sur les autres maladies. On peut aussi noter l'énumération des pathologies qui sont formellement exclues. La stratégie revient à dire : « Ne vous inquiétez pas. Vous n'avez ni la peste, ni le choléra, ni la variole, ni la syphilis ; nous ne pouvons pas encore exclure formellement le risque de sida, mais ne craignez rien, nous continuons les examens. »

En réalité, c'est de cancer qu'il s'agissait, et c'est sur ce seul point que je centrerai mes remarques. Avant de passer au rapport de l'INSERM, je voudrais souligner une omission très significative dans la façon dont le communiqué de presse cite la conclusion de ce rapport. En effet, le dernier paragraphe du rapport publié par l'INSERM était le suivant :

> En conclusion, les résultats épidémiologiques actuellement disponibles ne permettent pas d'exclure un rôle des champs magnétiques dans les leucémies, *en particulier chez l'enfant* *. De nouvelles investigations sont nécessaires pour confirmer ou infirmer ce rôle.

En comparant le communiqué de presse de l'EDF au rapport de l'INSERM, on voit que le fragment de phrase que j'ai souligné a disparu. Cette omission est d'autant plus remarquable que les cancers des enfants figurent par ailleurs dans la liste des maladies formellement exclues. Dans cette liste des maladies exclues par les chercheurs, il ne s'agissait pas des enfants exposés aux champs magnétiques industriels mais

* C'est moi qui souligne.

des *enfants de personnes exposées*, ce qui est tout autre chose. Il est difficile d'éviter le sentiment d'une manipulation destinée à rassurer le public.

Comme toutes les manipulations de ce genre, celle-ci a l'effet exactement inverse à long terme. Je crois que les experts n'ont pas tort quand ils se lamentent à propos de certaines craintes irrationnelles du public, mais je pense que ces craintes sont alimentées en grande partie par ce que le public perçoit, à juste titre, comme le désir des experts de dissimuler certaines vérités.

Passons maintenant au rapport de l'INSERM, en nous limitant aux seuls cancers. D'après les données citées par le rapport lui-même, les études les plus récentes sur certains cancers non seulement « ne permettent pas d'exclure un rôle des champs magnétiques », mais les chiffres cités par les experts eux-mêmes présentent une très forte présomption pour éliminer l'hypothèse d'un effet nul. D'après ces chiffres, la probabilité d'une absence d'effet est inférieure à 2,5 % pour *chacune* des cinq études citées comme étant à la fois les plus récentes et les meilleures. Si l'on regroupe ces cinq études (ce que les experts n'ont pas fait), la probabilité que les champs magnétiques de basse fréquence ne contribuent en rien aux risques de cancer apparaît infime.

Le principal argument qui semble amener les experts à minimiser ces résultats est qu'ils ne voient pas comment ils pourraient se produire. À propos d'autres études, ils mentionnent plusieurs fois dans le rapport l'idée de « plausibilité biologique », mais, sur ce point capital, les experts sont très discrets. On bute toujours sur le même obstacle : « Je ne comprends pas, donc c'est impossible. » Se contentant d'évoquer le concept de plausibilité biologique, ils ne citent pas une seule des très nombreuses études de laboratoire qui mettent en évidence l'effet de champs magnétiques de basse fréquence sur les processus cellulaires.

Je terminerai cette brève critique du rapport des experts de l'INSERM en notant deux faits qui illustrent la misère de la recherche française dans le domaine du biomagnétisme et de la bioélectricité. Sur les 140 études citées, une seule est française, qui date de 1970. Comme je l'ai déjà souligné dans le premier chapitre, la France a un énorme retard dans l'étude des phénomènes biomagnétiques. Par ailleurs, aucun des auteurs du rapport ne semble avoir publié de travaux dans le domaine analysé ici, à savoir le biomagnétisme. Le raisonnement que cache cette absence d'expertise dans le domaine du biomagnétisme paraît relever du cercle vicieux suivant : pas besoin d'experts, puisque le biomagnétisme n'existe pas. Nous retrouverons plus loin la même attitude à propos d'autres expertises officielles.

À mon avis, la seule façon légitime de rassurer le public aurait été de fournir une évaluation du nombre des personnes concernées par l'accroissement d'un risque de cancer. Après avoir évalué ce nombre, on aurait pu en relativiser l'importance, par exemple en le comparant à celui des morts annuelles attribuées à la consommation de tabac et d'alcool en France, nombre qui atteint 100 000 par an.

Le sérum contaminé : tout le monde s'en fout !

Une après-midi de juin 1992, je fais partie d'un groupe de trois personnes à qui Benveniste veut faire une démonstration du phénomène de transmission qu'il commence à étudier. Nous avons vu au chapitre précédent que l'expérience consistait à comparer les effets biologiques de deux sortes de liquide : un liquide témoin (qui en principe est sans effet biologique) et un liquide expérimental (qui est resté un quart d'heure sur la bobine de sortie de la machine de transmission pendant qu'un liquide biologiquement actif reposait sur la bobine d'entrée).

Pour rendre sa démonstration plus convaincante, Benveniste veut procéder en aveugle, de sorte qu'il nous demande de coder les tubes qu'il vient de préparer devant nous. Nous allons dans une petite pièce pour changer les étiquettes qui identifiaient les tubes. Ensuite, pendant que Jamal Aïssa teste le premier tube en mesurant l'effet de son contenu sur le débit coronaire d'un cœur de cobaye, Benveniste surveille l'écran cathodique pour essayer de savoir s'il s'agit d'un liquide actif ou d'un liquide sans effet sur le cœur. Avec assurance, trop d'assurance, il annonce : « C'est un tube actif. » En fait il y a un problème puisque, d'après son numéro de code, le tube serait un tube témoin, dont le contenu devrait être sans effet sur le cœur.

Ce genre de mésaventure s'étant produite plusieurs fois, il fallut se rendre à l'évidence : certains tubes témoins contenaient un liquide actif. Dans quelques cas, il est même arrivé que ce liquide actif tue le cœur, lorsque celui-ci était particulièrement sensible. Petit à petit, des études systématiques menées par Benveniste sur les liquides qui étaient utilisés comme témoin ont montré que certaines ampoules d'eau distillée vendues en pharmacie sont contaminées, de même que certains flacons du sérum physiologique utilisé par l'Assistance publique dans les hôpitaux.

L'hypothèse qui émerge est qu'il s'agirait de la mémoire magnétique d'un produit toxique qui est sécrété par des bactéries (l'endotoxine), et dont les effets sur le cœur sont connus. L'hypothèse d'une contamination qui serait liée à la mémoire de l'eau est étayée par le fait que, si l'on chauffe l'eau contaminée ou le sérum physiologique contaminé pendant une ou deux heures à 70°, les cœurs ne subissent plus de choc.

Au moment où Benveniste se décide à donner l'alarme, deux incertitudes subsistent, l'une scientifique et l'autre médicale. L'incertitude scientifique concerne la nature de la contamination : s'agit-il vraiment d'une mémoire magnétique ? L'incertitude médicale concerne les effets éventuels de liquides qui sont couramment utilisés pour des soins médicaux. Le choc cardiaque se produit sur des cœurs d'animaux qui ont été rendus particulièrement sensibles par une immunisation préalable. Un tel choc pourrait-il aussi se produire dans le cas de personnes dont le système immunitaire serait particulièrement déficient ? C'est la question que pose Benveniste dans le document qu'il soumet aux autorités responsables. Le 17 novembre 1992, il avertit officiellement le directeur général de l'INSERM au moyen de la lettre reproduite à l'annexe 4.

En novembre 1992, au moment où le directeur général de l'INSERM reçoit cette lettre, cela fait plus de cinq ans que les résultats obtenus dans le laboratoire de l'Unité 200 de l'INSERM sur les effets biologiques de certains produits actifs hautement dilués rencontrent dans la communauté scientifique indifférence, incrédulité ou dénigrement systématique. Face à cette situation d'isolement, Benveniste avait souvent essayé d'attirer l'attention sur ces résultats et sur l'intérêt qu'il y aurait à passer d'une attitude de suspicion systématique à une attitude d'ouverture. Comme nous le verrons dans les chapitres suivants, la réaction à ces tentatives a été, dans le meilleur des cas, d'exiger toujours plus de preuves et, dans certains cas, d'agir en inquisiteur.

Les observations rapportées dans le rapport confidentiel cité ne concernent pas directement une interprétation scientifique de la mémoire de l'eau mais portent sur des observations qui pouvaient être précieuses aux responsables de la santé publique. Le sérum mis en cause est utilisé dans des traitements de routine sur des centaines de milliers de personnes. Face aux observations rapportées par le docteur Benveniste, la question posée était de savoir qui pouvait prendre la responsabilité de dire que ce sérum physiologique injectable ne risquait pas de provoquer des troubles cardiaques, ou même la mort, chez des personnes qui auraient été fragilisées par une infection ou pour toute autre raison. Il semblait d'autant plus raisonnable d'examiner la question que la solution d'urgence proposée paraissait simple : chauffer les liquides pendant une ou deux heures à 70°.

En réponse au signal d'alarme de Benveniste, le professeur

Cabrol, qui travaille dans un service de chirurgie d'un grand hôpital parisien, lui écrivit :

> Nous en avons parlé avec le professeur Gandjbakhch et il est certain que nous observons parfois des chocs postopératoires d'allure toxique, sans explication apparente et celle que vous nous donnez pourrait être la bonne. Il faut absolument creuser ce problème, désigner un comité d'experts et tirer la question au clair.

Compte tenu de l'enjeu sanitaire, de la prudence scientifique du signal d'alarme et du contexte récent concernant l'affaire du sang contaminé, j'étais convaincu que les autorités allaient réagir rapidement. Je dois avouer que je me suis lourdement trompé. Malgré des relances pressantes et nombreuses, les autorités n'ont pratiquement rien fait pendant un an, se contentant de dire que ce n'était pas leur rayon ou en envoyant des promesses dilatoires. Bien qu'il s'agisse clairement d'un problème politique, je limiterai ici l'illustration du « je ne veux pas le savoir » à deux exemples qui concernent directement les liens entre l'institution scientifique et l'institution médicale.

Parmi les très nombreuses démarches que Benveniste a entreprises et qui sont énumérées à l'annexe 4, l'une a consisté à envoyer une communication à une revue scientifique, en choisissant la forme la plus modeste possible et la mieux adaptée à une publication rapide, à savoir la lettre à l'éditeur. Benveniste envoya au journal médical britannique *Lancet* la communication reproduite à l'annexe 4, en l'accompagnant de notes de laboratoires qui illustraient l'effet du sérum français sur des cœurs d'animaux préalablement sensibilisés par immunisation. Sans même prendre la peine de la faire expertiser et sans présenter la moindre explication scientifique, *Lancet* refusa la communication, en suggérant aux auteurs de s'adresser ailleurs.

L'autre exemple concerne l'INSERM, à propos de la visite

sur site que j'ai déjà évoquée. En avril 1993, l'INSERM envoya une commission pour décider de la suite à donner à une demande de « Contrat Jeune Formation » présentée par des chercheurs de l'Unité 200 en association avec d'autres. Trois semaines avant la venue de cette délégation, Benveniste reçut du directeur général une lettre lui interdisant de la façon la plus formelle de faire état de ses recherches sur le sérum contaminé au cours de la visite des commissaires de l'INSERM. En évoquant le « bon sens », et sous peine d'annulation de la procédure d'évaluation, il s'opposait par ailleurs à ce que l'un des physiciens italiens expose aux commissaires la théorie des domaines cohérents et ses liens éventuels avec la mémoire de l'eau.

Cette lettre du directeur général de l'INSERM appelle quelques commentaires. D'un point de vue strictement formel et administratif, il est possible que le directeur général de l'INSERM ait été dans son droit, à la fois quand il a refusé de faire entrer la question du sérum physiologique dans l'évaluation de la demande de Contrat Jeune Formation et quand il a interdit à Benveniste de faire venir un des physiciens italiens pour présenter le contexte scientifique des expériences sur la mémoire de l'eau. Mais, face aux enjeux à la fois scientifiques et sanitaires, les arguties du directeur général me semblent dérisoires et l'on pourra ne pas être d'accord avec lui quand il invoque le « bon sens ». En effet, le bon sens pourrait amener à s'interroger sur la signification exacte des termes qui caractérisent l'Institut National qu'il dirige, à savoir « Santé » et « Recherche Médicale ».

Même si Benveniste et quelques autres pensaient qu'il avait le bon sens pour lui, le rapport des forces ne permettait pas la confrontation. Lors de la visite de la commission de l'INSERM, la question du sérum physiologique ne fut donc pas abordée et, face à un lauréat Nobel de physique (il s'agissait de Georges Charpak), Benveniste ne put opposer qu'un chercheur qui n'avait pas fait de physique depuis vingt ans (il s'agissait de moi). Nous verrons au prochain chapitre que, là comme dans d'autres circonstances, l'obéissance aux lois du milieu n'a pas été récompensée.

Pour clore cette évocation rapide de l'affaire du sérum contaminé, voici deux détails qui en illustrent le caractère surréaliste. Un an après avoir alerté les autorités sanitaires, Benveniste apprit par hasard que la commission d'enquête avec laquelle il était censé collaborer avait commencé à travailler dans le plus grand secret, en le tenant à l'écart. Il comprit enfin pourquoi le crédit de 150 000 francs qui lui avait été alloué spécifiquement pour cette recherche par le ministère de la Santé ne lui avait jamais été versé.

Toutes les conditions semblent réunies pour que l'affaire soit étouffée. Alors que Benveniste se bat depuis trois ans avec des problèmes techniques complexes d'immunisation des animaux, on prétend reproduire ses expériences délicates en le maintenant à l'écart. Si les experts ne semblent pas trop inquiets des conséquences possibles d'une contamination éventuelle du sérum physiologique et des ampoules d'eau distillées vendues en pharmacie, ils semblent par contre terrorisés à l'idée de se trouver face à Benveniste, tels les légionnaires de César à qui l'empereur a ordonné de capturer Astérix. Craignent-ils que Benveniste les hypnotise s'ils l'invitent à une réunion de travail ? Qu'il exerce ses talents de magicien bien connus, grâce auxquels il fait réussir des expériences « impossibles » réalisées en aveugle hors de sa présence ?

S'il ne détient pas la potion magique, Benveniste semble par contre avoir une boule de cristal. En effet, neuf mois avant que *Le Monde* annonce que « les autorités sanitaires veulent contraindre l'Institut Mérieux à mieux contrôler l'innocuité de ses produits sanguins placentaires », Benveniste tentait vainement d'alerter l'Institut Mérieux à propos de ces produits. La production de ces produits d'origine placentaire a été stoppée depuis. Faisant référence à un travail réalisé par Georges Tsangaris sous la direction scientifique de

Yolène Thomas, il envoyait le 22 février 1993 un document montrant des effets spécifiques à l'albumine humaine Mérieux à partir d'une comparaison avec une albumine humaine préparée par un autre laboratoire. En réponse aux données scientifiques qu'il reçut, l'Institut Mérieux fit la sourde oreille et écrivit que « compte tenu de la pureté de notre albumine, nous n'envisageons pas de modifier notre procédé de purification ». Malgré toutes les autres affaires qu'il avait sur les bras, Benveniste prit le temps de répondre et d'écrire, le 15 mars 1993 :

> J'avoue ne pas comprendre votre position. L'albumine que vous fabriquez est certainement pure et vos procédés de fractionnement accroissent sans doute sa pureté par rapport aux autres protéines contaminant les fractions de départ, mais ne la débarrassent pas d'une substance supplémentaire capable d'un effet puissant sur l'apoptose, que ne possède pas une autre albumine. La différence pourrait être l'origine, *le placenta contenant une activité hormonale ou autre* *, que ne contient évidemment pas le sang. Toujours est-il que, *si votre albumine est chimiquement pure, elle ne l'est certainement [pas] physio — et peut-être pathologiquement* *. À mon sens, sauf à fermer les yeux pour ne rien voir, il serait indiqué de lancer un programme de recherche dans le but d'obtenir une albumine réellement inerte.

Il est clair que « cet homme est dangereux ». Pour en revenir au sérum physiologique étudié par Benveniste, il semble que les responsables, en particulier scientifiques, aient préféré prendre le risque d'un fléau sanitaire plutôt que de bousculer un tant soit peu leurs certitudes. Comment comprendre un tel choix ? Une explication facile consisterait à dire que, Benveniste n'étant pas crédible, il n'y avait pas lieu de faire quoi que ce soit. Même s'il est vrai que Benveniste a parfois

* C'est moi qui souligne.

été maladroit dans sa façon de communiquer, je pense que ses maladresses ont surtout servi d'alibi.

Dans une lettre personnelle au directeur général de l'INSERM, Benveniste évoque une situation dans laquelle celui-ci l'avait publiquement traité d'emmerdeur. Je crois que (comme moi-même sans doute) Benveniste se situe effectivement dans la catégorie des emmerdeurs. Mais cette catégorie se subdivise elle-même en deux sous-catégories. Il y a ceux dont le comportement ne fait qu'exprimer leurs problèmes personnels, sans aucun bénéfice pour personne. Il y a ceux, au contraire, qui à travers leurs problèmes personnels sont socialement utiles.

Chapitre 5

Rapports de force et censures dans la science

Le discours savant sur la censure : une tache aveugle sur une tache aveugle

Il existe depuis une vingtaine d'années une littérature sociologique qui analyse sans ménagement le comportement des chercheurs. Dans cette analyse, la prise en compte des rapports de force tient une place privilégiée. Toutefois, le thème de la censure scientifique semble faire l'objet d'un tabou que même les sociologues de la science n'arrivent pas encore à transgresser.

Lors d'un recensement systématique d'articles sur la censure et sur la fraude, le texte le plus fort que j'aie rencontré à propos de la censure scientifique est un article intitulé « Un crime pire que la fraude menace le progrès scientifique ». À ce propos, j'ai été frappé par l'absence du mot « censure », à la fois dans le titre de cet article et dans le texte lui-même. L'auteur ne mâche pas ses mots à propos du conformisme scientifique, évoquant « l'état d'esprit obtus qui s'appuie sur le soupçon de fraude » et la « fermeture d'esprit [qui] empêche l'acceptation des nouvelles découvertes », ainsi que « le climat actuel de chasse aux sorcières ». Toutefois, il évite de nommer la censure, alors même qu'il en analyse certains mécanismes.

La société savante sait tout de la censure dans la société

civile, qu'il s'agisse de la censure des films pornographiques en Inde ou de la censure postale dans la Russie impériale. Il serait par contre sacrilège d'associer le mot « censure » et le mot « science ». En revanche, le mot « fraude » commence à pouvoir être associé au mot « science », même dans le titre d'articles publiés par des revues savantes. L'association de ces deux mots n'est sans doute pas vécue comme sacrilège, parce qu'elle ne met en cause que des brebis galeuses. On peut espérer que le tabou actuel concernant la censure scientifique finira par disparaître, comme d'autres tabous. À condition évidemment qu'il y ait des gens qui poussent un peu dans ce sens.

Pour l'instant, le recueil de témoignages relatifs à la pratique de la censure scientifique se heurte à de nombreux obstacles, dont le premier est d'ordre conceptuel. Où s'arrête le refus légitime de publier un travail de recherche, parce qu'il est mauvais au sens technique du terme, et où commence la censure scientifique, parce qu'il est mauvais au sens théologique ? La spécificité de la censure scientifique est que, contrairement à d'autres, elle s'exerce de façon masquée, en particulier par des arguments techniques. Par ailleurs, dans la mesure où il n'existe pas de loi, il est difficile d'en définir les violations.

On pourrait être tenté de dire qu'il y a censure si le refus de prise en considération porte sur une information « vraie ». Mais qu'est-ce qui définit une information vraie pour les chercheurs, sinon le fait qu'elle a déjà été publiée dans une revue scientifique ? J'insiste souvent sur ce point parce qu'il ne s'agit pas d'une subtilité métaphysique mais du fond même du problème de la censure scientifique. Celle-ci permet de tout publier sauf ce qui a le plus de chances de conduire à une authentique découverte.

On peut chercher à déplacer le problème en disant que ce qui compte pour décider d'accepter ou de refuser une recherche n'est pas la « vérité » ou l'« erreur » du résultat mais le fait que ses auteurs ont suivi ou non la « bonne » procédure.

Or, qui en décide sinon les gardiens du temple scientifique ? Tant que l'on reste dans la logique binaire du vrai et du faux, ou de celle des procédures dont certaines seraient parfaitement bonnes et d'autres complètement mauvaises, le problème reste sans solution.

Pour en sortir, il faudrait accepter une autre logique, qui ne soit pas celle de la « Vérité » mais celle de la recherche. Dans cette logique, on accepterait que certains résultats de recherche ne soient provisoirement ni vrais ni faux, mais aient un statut intermédiaire. Il s'agirait de recherches « en chantier » dont le statut de vérité ou de fausseté pourrait rester longtemps indéterminé sans que ces recherches soient pour autant abandonnées ni considérées comme de peu d'intérêt.

Ces recherches en chantier seraient perçues un peu comme les conjectures des mathématiciens dont le statut de « vérité » ou de « fausseté » peut rester longtemps incertain. Malheureusement, si la nature a horreur du vide, les scientifiques, eux, supportent mal l'incertitude de l'inconnu, ce qui les conduit parfois à tuer une recherche dans l'œuf plutôt que d'en supporter les inévitables flottements.

L'étude de la censure dans la science ne se heurte pas seulement à des obstacles conceptuels, mais aussi à des obstacles concrets. Même quand un chercheur s'estime être la victime d'une censure, il se garde bien d'en faire état, pour ne pas risquer d'être exclu de la communauté scientifique. Dans ces conditions, il est à peu près aussi aisé de recueillir des témoignages sur la censure scientifique que sur la répression dans un régime autoritaire.

La dernière difficulté, à mon sens la plus redoutable, tient à la technicité. Pour se faire une opinion personnelle sur le statut scientifique d'une observation, il faut investir beaucoup de temps et d'énergie. Lorsqu'un chercheur en position minoritaire veut alerter les autres chercheurs, et à plus forte raison le public, il se heurte au barrage de la technicité que personne n'a envie de franchir, préférant s'en remettre aux experts, c'est-à-dire à ceux qui, dans une controverse, sont à la fois juges et parties.

Malgré tous ces obstacles, j'ai fait le pari qu'il est possible d'analyser la censure scientifique et de dépasser en particulier l'obstacle de la technicité. Auparavant, j'aimerais souligner ce que cette technicité masque de différences entre la société civile et la société savante. Pour cela, j'évoquerai les processus de publication. Comme l'indique l'adage des universitaires anglo-saxons « publier ou périr », la publication est la clé de voûte du système de communication entre les chercheurs. Par rapport à la presse de la société civile, la presse de la société savante présente des différences importantes.

Une première différence tient à la conception diamétralement opposée du statut de la diversité, et donc de la contradiction. Dans la société civile, la disparition de la diversité et de la contradiction est considéré comme le signe d'une perversion totalitaire. C'est ainsi qu'un vote qui permet d'élire un président avec 99 % des voix est considéré comme suspect *a priori*. Dans la société savante, au contraire, on ne tolère la diversité et la contradiction que comme un mal provisoire qu'il convient de faire disparaître au plus vite, dans le consensus d'une « vérité » une et indivisible. Cette intolérance à la diversité n'est tempérée que par la passion masculine des polémiques, qui virent parfois aux combats de coqs.

Une autre différence tient au statut des règles qui gouvernent la publication. Dans la société civile, des règles publiques, écrites et précises existent pour limiter l'arbitraire des jugements sur ce qu'il convient d'autoriser et d'interdire. Dans la société scientifique, au contraire, il n'existe pas de code mais des habitudes, dont la mise en œuvre dépend du bon vouloir des directeurs de publication.

La différence qui me semble la plus caractéristique du contraste entre le fonctionnement de la société civile et celui de la société scientifique concerne la gestion des conflits. Dans la société civile, cette gestion fait partie du processus normal, en particulier par le biais de la séparation des pouvoirs. Au contraire, en cas de conflit relatif à une publication scientifique, c'est-à-dire quand un chercheur patenté se voit refuser la publication de ses travaux, il n'existe ni instance de jugement externe, ni instance de recours. Dans un tel conflit, le directeur d'une revue scientifique est à la fois le juge, l'avocat, la partie civile, le président de la cour d'appel et celui du Conseil constitutionnel.

« La raison du plus fort est toujours la meilleure », écrivait La Fontaine, à une époque où le détenteur du pouvoir suprême pouvait déclarer sans ridicule : « L'État, c'est moi. » La société civile a progressé depuis et un des critères de ce progrès est la façon dont le droit permet de tempérer les rapports de force, à la fois en théorie et en pratique. De ce point de vue, la société scientifique est très en retard sur la société civile. Bien qu'ils se gardent de le proclamer, les mandarins de la science agissent comme s'ils avaient la même conviction naïve que Louis XIV : « La Science, c'est nous ! »

Dans la partie de mon enquête qui concerne les résistances aux changements, je me suis appuyé sur ce que j'avais personnellement observé et qui était consigné soit dans ma mémoire soit dans mon journal. J'ai également puisé dans les archives auxquelles Benveniste m'a permis d'accéder, ainsi que dans des documents qui sont du domaine public. À de rares exceptions près, j'ai pris pour principe de me limiter à ce que j'avais pu lire ou observer moi-même. Cette règle de conduite est très restrictive, en particulier en ce qui concerne une des formes les plus efficaces et les plus souterraines de la censure scientifique, à savoir la rumeur. En effet, le propre de la rumeur est de ne pas laisser de trace ailleurs que dans les esprits. Je me suis ainsi privé des moyens de mieux connaître cette rumeur de l'eau qui me semble avoir conditionné le Tout-Paris scientifique. On ne saurait être partout.

Les censures ne sont pas des bavures

Avant de présenter des exemples des mille et une manières qu'ont eues les scientifiques de dire : « Je ne veux pas le savoir », à propos de la mémoire de l'eau, j'aimerais souligner encore le caractère « normal » des différentes stratégies de refoulement et de censure. Pour certaines des rubriques de ma classification, j'évoquerai brièvement un exemple qui n'est pas lié à la mémoire de l'eau.

La censure éditoriale

Comme je le soulignais plus haut, les aspects techniques et les aspects humains des controverses scientifiques sont imbriqués, de sorte qu'il est très difficile de décrire une censure en faisant abstraction des aspects techniques. J'ai eu la chance, si j'ose dire, de connaître une censure éditoriale si grossière que la question technique ne se posait pas.

Dans un long article technique publié par la principale revue française de psychiatrie, j'avais analysé avec un médecin et un généticien la question du consensus. Il s'agissait d'une question très controversée, concernant la schizophrénie. Désireux de donner à ce travail une audience plus large, nous l'avions traduit en anglais et soumis à la revue internationale *Acta Psychiatrica*. L'article a été refusé, ce qui en soi n'a rien d'inhabituel. Ce qui, par contre, était inhabituel était le refus obstiné de faire connaître les raisons de cette décision. Sur mon insistance, le rédacteur en chef m'écrivit que les experts qui avaient recommandé de ne pas publier notre article avaient rédigé leurs commentaires en danois, de sorte que ceux-ci ne nous seraient d'aucune utilité. Qu'à cela ne tienne, répondis-je, je ferai traduire ces commentaires. En réponse, le rédacteur en chef me fit savoir que nous n'avions plus rien à nous dire et l'affaire en est restée là.

On comprendra mieux le sens de ce refus d'explication si

l'on sait que, dans le dernier paragraphe d'un article technique de 139 pages, nous écrivions :

> Pour l'instant, l'existence même de telles contradictions montre le danger potentiel de se fier à l'opinion des experts dans des questions qui ont une importance sociale. Bien que cette conclusion puisse être décevante, nous pensons qu'il est plus sage d'admettre qu'on ne sait rien et que, pour le moment au moins, la génétique ne fournit pas de réponse réelle aux douloureuses questions posées par le phénomène de la « schizophrénie ».

Vous avez dit censure ? Pourvu que vous ne parliez en vos écrits ni de l'autorité de la Science, ni de la politique scientifique, ni des gens en place, ni des corps en crédit, vous pouvez tout imprimer librement, sous le contrôle de quelques experts.

La censure institutionnelle

Comme toutes les formes de répression, la répression scientifique est rarement ouverte. Il est très rare que celle-ci laisse des traces écrites, et encore moins publiques. À défaut de répression proprement dite, je signale un cas de menace écrite et publique qui me semble assez significatif à l'heure où chacun s'interroge sur la bioéthique et sur les procréations médicalement assistées.

En octobre 1990, *La Recherche* publia un article sur les bébés-éprouvette intitulé « Les taux de “succès” de la fécondation *in vitro*. Fausses transparences et vrais mensonges ». Comme l'indique le titre de cet article, il s'agissait d'une analyse des procédés utilisés par des praticiens de la fécondation *in vitro* pour masquer la réalité d'une situation catastrophique. Quelques numéros plus tard, un ancien président du CNRS écrivait dans cette même revue :

> Je ne désire pas polémiquer avec l'auteur ; le jugement sur ses écrits relève de la commission compétente du CNRS qui ne pourra manquer de se poser des questions sur la manière dont un chercheur peut bâtir un argumentaire...

À propos de questions, on peut aussi s'en poser sur le sens d'une menace institutionnelle à peine voilée.

Le simulacre de reproduction

Cette stratégie consiste à faire semblant d'essayer de reproduire une expérience, tout en se plaçant dans des conditions telles qu'on a toutes les chances de la rater. Elle a été utilisée contre le biochimiste américain Pauling quand il a voulu faire reconnaître des expériences d'un cancérologue écossais indiquant que des doses massives de vitamines C pourraient avoir des effets bénéfiques sur certains cancers. Cette implication de Pauling dans un domaine qui sent le soufre lui a fait perdre toute « crédibilité ». Dans l'affaire de la vitamine C, Pauling n'a guère été plus ménagé que Benveniste à propos de la mémoire de l'eau, et ceci en dépit du fait que Pauling avait reçu deux prix Nobel. Lorsqu'un scientifique se mêle de médecine alternative, rien ne le met à l'abri de simulacres de reproduction, ni même d'accusations de fraude.

Il y a bien des façons de rater une expérience alors qu'il n'y en a souvent qu'une de la réussir. Pour cette raison, une tentative de reproduction n'est qu'un simulacre si l'on ne commence pas d'abord par essayer de suivre au plus près les instructions des auteurs des expériences que l'on prétend reproduire. Ce simulacre n'est pas spécifique à des expériences jugées hérétiques. Généralement inconsciente, cette stratégie est aussi ancienne que les querelles scientifiques. C'est ainsi que Newton en a fait les frais, à propos de l'expérience dite du prisme de Newton.

L'expérience de Newton consistait à placer d'une certaine façon sur le trajet d'un rayon de soleil un prisme convenablement taillé. Comme chacun sait, le prisme décompose la lumière naturelle. À l'aide d'un deuxième prisme, lui aussi convenablement taillé et convenablement placé, Newton montra que, non seulement la lumière naturelle est composée d'une superposition des lumières de l'arc-en-ciel, mais que ces différentes lumières ont des propriétés optiques distinctes : le deuxième prisme les dévie plus ou moins, suivant leur couleur.

La controverse sur ce phénomène a duré presque un demi-siècle, les détracteurs de Newton prétendant que l'expérience n'était pas reproductible. En réalité, ils n'utilisaient pas des prismes de qualité optique suffisante ou ne les plaçaient pas de la façon indiquée par Newton. Nous verrons plus loin que les détracteurs de la mémoire de l'eau ont eu amplement recours au simulacre de reproduction, mais on voit déjà que, sur ce point comme sur beaucoup d'autres, ils n'ont rien inventé. Maintenant, quand quelqu'un me dit « yaka » (yaka reproduire l'expérience), je sors mon prisme de Newton.

Le harcèlement scientifique

Je définis le harcèlement scientifique comme une avalanche de critiques techniques dans lesquelles on se soucie plus de prendre position contre un auteur que de contribuer aux savoirs scientifiques. Comme les autres, cette forme de combat n'a rien de spécifique à la mémoire de l'eau. Les lecteurs intéressés par une analyse des aspects guerriers des pratiques scientifiques pourront consulter l'ouvrage dans lequel Bruno Latour a analysé « La science en action ». Ces pratiques guerrières font partie de la science « normale ». Ce qui est un peu particulier dans le cas de la mémoire de l'eau est le déséquilibre des forces et la partialité des revues scientifiques, partialité qui se manifeste chaque fois qu'il s'agit de faire face à une « menace contre la science ».

Sarcasmes et insultes en guise de raisonnement

L'affaire de la mémoire de l'eau n'est pas la première querelle scientifique dans laquelle les invectives tiennent lieu d'argumentation. Pour bien montrer que les abus de langage révèlent des enjeux qui dépassent la personne de Benveniste, la mémoire de l'eau ou l'homéopathie, je commence par rapporter un exemple encore plus extrême que ceux que nous rencontrerons à propos de la mémoire de l'eau.

Cet exemple est tiré d'un livre intitulé *La Science menacée*, qui a paru chez Odile Jacob. Si je mentionne ici l'éditeur, c'est qu'il s'agit d'un haut lieu de l'establishment scientifique français dans lequel s'expriment les auteurs les plus prestigieux. Dans un passage intitulé « Une conception hitlérienne de la science », Schatzman, un éminent astrophysicien membre de l'Académie des Sciences, écrit :

> L'affirmation que la science est le produit d'un groupe dominant est lourde de menaces. On retrouve dans les phrases de Hitler citées par Rausching, sous une forme radicale, peut-être caricaturale, le principe du consensus exprimé de façon différente par Kuhn, Feyerabend ou Latour. En d'autres termes, quand on passe de la réflexion philosophique des discussions sur la nature de la science à une sorte de vulgate, de vulgarisation niant la science, on retrouve *tout simplement* les thèses hitlériennes.
>
> Sous les apparences de l'anarchie (Feyerabend) ou du gauchisme (les textes de *Pandore*, édités par Bruno Latour), se constituent les bases théoriques d'une politique dont il est douloureux de voir la parenté avec la politique hitlérienne.

Qu'un astrophysicien mette dans le même sac des auteurs aussi différents que Kuhn, Feyerabend et Latour, passe encore. Mais qu'il assimile toute analyse critique de la science à des thèses hitlériennes, voilà qui donne la mesure d'une incapacité à faire face à la contradiction intellectuelle. Si les thèses de Kuhn, Feyerabend et Latour leur valent un amalgame avec Hitler, je me demande ce que mon livre pourra me valoir comme comparaison.

Les objections théoriques

Périodiquement, des savants s'imaginent, que « tout ce qu'il y a à découvrir l'a déjà été ». Ils utilisent rarement un langage aussi naïf que celui de certains savants positivistes du XIXe siècle mais ils agissent souvent d'après ce principe. Informulé mais bien présent dans le comportement de nombreux scientifiques, ce principe est une négation de la finalité même de la recherche, qui est de découvrir ce qui est encore inconnu. Ce qu'un sociologue de la science a appelé l'« ethnocentrisme du présent » correspond à ce que certains ont appelé la « fin de l'Histoire ».

Dans le premier chapitre, j'insistais sur le lien caché entre les phénomènes, lien caché qui n'apparaît que progressivement. Pour illustrer le danger d'une trop grande confiance dans les théories, je donnais l'exemple du raisonnement thermodynamique de Kelvin au sujet de l'âge de la Terre, raisonnement qui fut ensuite invalidé par la découverte de la radioactivité naturelle.

Certaines objections théoriques ont été d'une autre espèce, s'appuyant sur des fondements théoriques déjà invalidés par ailleurs. L'histoire du laser illustre un conservatisme de cette deuxième espèce. Obsédés par la question de l'équilibre thermique, les chercheurs ont longtemps refusé de prendre en compte les recherches qui devaient aboutir au développement du laser, en parlant avec dérision de températures négatives. Cette objection théorique s'appuyait sur une physique que la mécanique quantique avait déjà détrônée. J'ai choisi cet exemple parce que, d'après ce que j'ai pu entendre, la théorie des domaines cohérents semble écartée pour des raisons du même genre, alors qu'elle a été annoncée par un article intitulé « L'eau en tant que dipôle électrique laser libre ». Là encore, les objections théoriques paraissent obsolètes.

La censure éditoriale

À propos de la société savante, je soulignais plus haut à quel point le droit y est encore peu présent pour tempérer les rapports de force. Afin d'illustrer combien l'auteur d'un article est soumis pieds et poings liés au jugement d'une revue scientifique et comment des arguments techniques peuvent être pervertis, je citerai les deux premiers commentaires d'un expert, à propos d'un nouvel article sur les hautes dilutions soumis par Benveniste à la revue *Nature*.

Après le scandale de l'enquête menée par *Nature*, enquête sur laquelle nous reviendrons, le directeur général de l'INSERM avait choisi le directeur d'un autre laboratoire que celui de Benveniste pour superviser de nouvelles expériences sur les hautes dilutions. Un article fut envoyé à *Nature* décrivant ces nouvelles expériences. Contrairement aux précédentes, ces expériences avaient toutes été menées en aveugle, les opérations de codage étant réalisées par des personnes extérieures à l'unité de Benveniste. Ces expériences confirmaient l'existence d'effets de hautes dilutions. La lettre annonçant le refus de publication par *Nature* de ces nouvelles expériences contenait un paragraphe unique :

> Merci de votre fax*. Que vous retiriez votre article ou que nous le rejetions, cela ne changerait rien. De toute façon, c'est à la décision de rejet que nous aurions abouti. Les raisons en sont données dans le rapport ci-joint d'un referee. En résumé, comme vous le verrez, il semble y avoir encore des erreurs de nature statistique dans votre travail.

Sachant que le travail en question avait été à la fois supervisé et cosigné par le directeur d'un laboratoire de l'INSERM, dont une des spécialités est l'analyse statistique, on peut pen-

* Sans nouvelle de *Nature*, Benveniste avait envoyé un fax pour demander quand il obtiendrait une réponse, afin de décider s'il devait s'adresser à une autre revue.

ser que de telles erreurs étaient peu probables. Mais n'utilisons pas l'argument d'autorité et voyons en quoi consistaient ces « erreurs de nature statistique ».

Dans son tout premier commentaire, l'expert de *Nature* se plaint de ne pas savoir si les chiffres d'un tableau concernent des nombres ou des pourcentages. En réalité, le titre même du tableau précisait qu'il s'agissait du « nombre des basophiles ». Dans son deuxième commentaire, l'expert s'étonne de ce qu'un chiffre relatif à l'erreur statistique soit très élevé. Ici, les bras m'en sont tombés. En effet, l'« expert » a fait une confusion qui ne peut pas être attribuée à l'inattention : il a confondu l'erreur avec son carré ! Le fait qu'il s'agissait du carré était sans ambiguïté puisque les auteurs de l'article utilisaient le terme technique habituel, qui est la variance. Une telle confusion entre erreur et variance aurait conduit à recaler un étudiant de première année de licence.

Envoyé à la revue américaine *Science*, l'article a été soumis à un barrage de critiques de la même veine, de sorte que Benveniste a dû se contenter d'une note dans les *Comptes rendus de l'Académie des Sciences*. Faute de trouver des erreurs techniques, la direction de cette revue s'est rabattue sur une stratégie rarissime qui consiste à publier un article tout en émettant des réserves. Le plus curieux dans cette affaire est la façon dont les choses se sont passées.

Apprenant la publication imminente de l'article, un responsable de l'Académie des Sciences a exigé *in extremis* que l'imprimeur rajoute la mention suivante en renvoi du titre de l'article :

> Les Secrétaires perpétuels indiquent que cette Note est publiée au titre du *droit de réponse* à la Note de M. Joan Jacques intitulée, *La « Mémoire de l'eau » : Remarques sur le test utilisé*, dont la référence est donnée en [2] du présent article.

Comme nous le verrons plus loin, la note de Jean Jacques n'était qu'un exemple de la stratégie de harcèlement scientifique. En effet, il ne permettait nullement de fournir une explication alternative à celle de la mémoire de l'eau. Pour l'instant, je noterai seulement deux choses. Le rajout qui consistait à rabaisser le compte-rendu de nouvelles expériences à la simple expression d'un droit de réponse s'est fait dans une telle précipitation que « Jean » est devenu « Joan ». D'après le responsable de l'imprimerie consulté par téléphone, l'ensemble des exemplaires du numéro des *Comptes rendus de l'Académie des Sciences* était « sur la palette, prêt à partir » au moment où l'imprimeur reçut l'ordre de rajouter le paragraphe ci-dessus. Pour que ce paragraphe puisse être rajouté, l'ensemble du numéro qui était prêt à partir a dû être mis au pilon. C'est ainsi que l'article sur les hautes dilutions a eu les honneurs d'un rite traditionnel qui était un peu tombé en désuétude depuis l'Inquisition. Comme chacun sait, la fonction des Académies est de préserver les traditions.

J'ai déjà mentionné le refus sans explication par *Lancet* d'une communication sur la contamination de certains sérums physiologiques. En juin 1993, une autre censure éditoriale a concerné les expériences de transmission. En réponse à une proposition de communication à un congrès sur l'Innovation scientifique organisé par l'Association américaine pour l'avancement de la science, Benveniste a reçu un refus qui n'était même pas personnalisé. Pour refuser de prendre en considération des expériences dont il est difficile de contester qu'elles soient innovantes, les responsables d'un congrès sur l'« Innovation scientifique » n'ont rien trouvé de mieux qu'une lettre circulaire. Après avoir réuni les témoignages d'une dizaine de personnes extérieures à son laboratoire, Benveniste a fini par obtenir l'annulation de cette mesure de censure, tout en étant réduit à présenter son travail comme un débutant, sous la forme d'un poster.

Quand il a voulu publier un article dans les *Comptes rendus de l'Académie des Sciences des États-Unis*, il s'est de nouveau heurté au refus d'examiner et de critiquer son travail. Alors qu'il avait pris soin de demander conseil à ce sujet au président de cette Académie en lui soumettant son article, il reçut en réponse une fin de non-recevoir de trois lignes :

> J'ai reçu votre lettre du 19 janvier 1994. Malheureusement, notre Académie n'a pas de mécanisme pour traiter le genre de question que vous soulevez.

Pour clore ces considérations sur la censure éditoriale, il me semble important de souligner que celle-ci n'est que le sommet de la pointe de l'iceberg de la résistance à l'innovation scientifique. D'une part, comme nous allons le voir, il y a bien d'autres façons d'étouffer une recherche. D'autre part, et c'est sans doute le plus important, la contrainte explicite est rarement nécessaire, tant les chercheurs sont eux-mêmes soucieux de suivre l'orthodoxie du moment, soit par crainte soit par adhésion sincère.

La censure institutionnelle

La censure éditoriale tend à étouffer un travail scientifique jugé inopportun après qu'il a été accompli, mais avant qu'il ne soit diffusé. Pour empêcher de tels travaux, il est plus efficace d'agir de façon préventive, de sorte que la censure éditoriale n'est qu'un moyen de contrôle parmi d'autres de l'institution scientifique.

Une stratégie de contrôle particulièrement efficace consiste à isoler le chercheur en intimidant ceux qui seraient tentés de le suivre. La menace voilée derrière les conseils suffit généralement à persuader tout chercheur soucieux de sa carrière de ne pas se compromettre avec l'hérétique. C'est ce dont j'ai été témoin dans mes contacts avec un jeune chercheur qui avait écrit à Benveniste.

Formé à la fois à la physique et à une discipline biologique, il avait manifesté un fort intérêt pour les recherches sur la mémoire de l'eau. Je l'ai donc invité au séminaire pluridisciplinaire auquel j'ai déjà fait allusion. Très tenté d'accepter, le jeune chercheur a finalement refusé ma proposition en m'expliquant que, tant qu'il n'aurait pas de poste de titulaire, sa situation ne lui permettait pas de se compromettre avec Benveniste. Je n'ai pu qu'approuver sa prudence, tout en déplorant cet état de fait.

Quand un chercheur est plus audacieux et refuse d'entendre les conseils « amicaux » qui lui sont prodigués, il est temps d'agir de façon plus directe. À ce propos, le cas de répression institutionnelle dont j'ai eu connaissance est d'autant plus remarquable que, si le chercheur concerné avait demandé à rejoindre l'unité de Benveniste, ce n'était pas pour y travailler sur la mémoire de l'eau.

Le chercheur en question est un de ces brillants sujets dont rêvent les patrons de laboratoire. Après avoir travaillé dans l'unité de Benveniste en tant qu'étudiant, il avait complété sa formation aux États-Unis. Lorsqu'il s'est présenté à l'INSERM pour demander un poste de titulaire, il a été classé premier par la commission de sa spécialité. En principe, le classement des candidats ne dépend que de leurs travaux et le choix du laboratoire d'affectation demandé n'entre pas en ligne de compte dans ce classement. Dans le cas du jeune chercheur en question, on s'est aperçu après le vote de la commission qu'il demandait à entrer dans l'Unité 200. Un mandarin de la commission a alors fait du chantage en déclarant que, si ce chercheur allait chez Benveniste, il démissionnerait. Le chercheur a été reclassé en septième position alors qu'il y avait six postes à pourvoir. Audacieux mais pas téméraire, le jeune homme s'est représenté l'année suivante à l'INSERM en demandant une autre affectation et il a été admis en tant que chercheur titulaire.

La stratégie d'isolement de Benveniste par l'intimidation des autres chercheurs a eu pour conséquence que, en 1993, lorsqu'il a voulu demander la création d'une nouvelle unité de recherche après l'expiration des douze ans réglementaires de celle qu'il avait dirigée, Benveniste n'a trouvé que des chercheurs du CNRS pour s'associer à lui. Il a ainsi été contraint de passer par une demande de Jeune Formation, comme un chercheur non encore confirmé.

Dans l'affaire de la mémoire de l'eau, la répression institutionnelle a aussi joué de façon directe. En 1989, l'INSERM a profité d'une échéance administrative pour tenter de censurer Benveniste. La situation des laboratoires de l'INSERM est réexaminée de façon routinière tous les quatre ans et, à cette occasion, on décide s'il convient ou non de maintenir le directeur du laboratoire dans sa fonction de direction. D'après les témoignages que j'ai recueillis sur cet examen quadriennal, les commissaires de l'INSERM n'ont pratiquement pas posé de question sur les expériences de hautes dilutions. Par ailleurs, j'ai appris par un membre de la commission qui avait envoyé cette délégation que la discussion sur le « cas » Benveniste n'a pas porté sur les aspects scientifiques de son travail, mais sur des griefs de type essentiellement politique, tels que le fait de s'être adressé à la presse.

L'INSERM n'a pas seulement envoyé une commission pour évaluer l'Unité 200 de Clamart. L'INSERM a également demandé l'intervention de deux experts étrangers. L'un d'eux, dont l'opinion négative sur les hautes dilutions semble avoir eu un poids déterminant, est le responsable d'un département de l'équivalent américain de l'INSERM.

En apparence donc, les choses se sont passées en partie de manière objective, les chercheurs français choisissant de s'en remettre à deux experts étrangers. Comme nous le verrons au chapitre suivant, l'un de ces experts avait manifesté de façon à la fois véhémente et publique son opposition aux travaux de l'Unité 200 sur les hautes dilutions. Il faut par ailleurs signaler que loin d'être un arbitre neutre, il était personnellement impliqué depuis longtemps puisqu'il avait été un des experts qui avait fortement déconseillé à *Nature* de publier l'article de Davenas *et al.* paru en juin 1988.

Dans le compte-rendu de son expérience hâtivement publié par *Nature* après celui de Benveniste, cet expert ne se contentait pas de présenter en quelques lignes ses résultats négatifs. Il consacrait la majeure partie de son texte à dénigrer le travail de Davenas *et al.*, en qualifiant les hautes dilutions de « phénomène du chat du Cheshire ». Cette allusion sarcastique à *Alice au pays des merveilles* est reprise sous une autre forme dans le titre choisi par la revue : « Seul demeure le sourire. » Pour exprimer son opposition à la publication de l'article de Davenas *et al.*, l'expert parle de « l'atmosphère de cirque créée par la publication de l'article original ("Les enthousiastes de l'homéopathie se réjouissent pendant que les chercheurs sérieux se grattent la tête") ». Il conclut sa diatribe de la façon suivante :

> Avant de donner à de nouveaux résultats l'*imprimatur* inhérent à la publication par une revue scientifique de premier plan, ces résultats doivent pouvoir être reproduits par des individus désintéressés qui connaissent bien le champ. C'est un principe de l'objectivité scientifique. C'est vraiment une honte. Il faut toujours une pleine cuiller de sucre pour adoucir notre thé.

Les membres de la commission de spécialistes ont recommandé que l'INSERM cesse d'accorder son soutien aux recherches sur les hautes dilutions et le Conseil scientifique de l'INSERM a voté contre le renouvellement du mandat de directeur de Benveniste. Quant au directeur général à qui revenait la décision finale, il a pris une mesure de censure en apparence plus anodine : il a subordonné le renouvellement du mandat de Benveniste dans sa fonction de directeur à sa bonne conduite en exigeant que, pendant une période probatoire de six mois, il ne fasse aucune déclaration publique.

L'obligation de réserve des chercheurs vis-à-vis de la presse et des autres médias pourrait éventuellement faire partie de leur statut et l'on pourrait concevoir que les scientifiques soient soumis à la même censure que les militaires.

Mais il faudrait alors que cette censure ne soit pas utilisée de façon discriminatoire.

Quand un biologiste, ancien président du Conseil scientifique de l'INSERM, a fait dans *Le Monde* une déclaration provocante en déclarant que « nous sommes tous des drosophiles », il exprimait sa vision, très contestée par ailleurs, d'un « homme moléculaire ». À cette occasion, je n'ai observé ni protestation ni motion de censure. Ce biologiste est même devenu par la suite président du Comité national d'éthique. On peut s'interroger sur les raisons qui ont conduit à ce poste un homme qui prend ses semblables pour des automates moléculaires.

Quatre ans plus tard, ce n'était plus le mandat de directeur de laboratoire de Benveniste qui était en jeu, mais la survie même du laboratoire. Tous les douze ans, les unités de l'INSERM sont automatiquement fermées, de sorte que les chercheurs doivent demander la création d'une nouvelle entité administrative s'ils veulent rester groupés. Cette mesure a pour but de limiter les effets du mandarinat médical qui permettait jadis à un patron de rester directeur à vie. À cette occasion, l'enquête de l'INSERM sur les recherches relatives à la mémoire de l'eau a été plus sérieuse que la fois précédente, avec toutefois deux vices qui relèvent de la censure.

Nous avons vu au chapitre précédent que le directeur général de l'INSERM avait à la fois interdit la prise en compte d'un thème de recherche lié à la mémoire de l'eau (le sérum physiologique contaminé) et tout dialogue avec des partenaires étrangers de Benveniste susceptibles d'éclairer la délégation de l'INSERM sur les aspects théoriques des recherches sur la mémoire de l'eau. Quand un chercheur a exprimé publiquement son opposition à la mémoire de l'eau avant l'expertise, il est un « bon » expert étranger. Quand des physiciens ont publié une théorie qui pourrait donner un éclairage scientifique à la mémoire de l'eau, ce sont de

« mauvais » experts, même s'ils ne sont cités que comme témoins.

Pour se faire aider dans leur évaluation des expériences réalisées avec des cœurs de cobayes et, en particulier les expériences de transmission décrites au chapitre 3, les commissaires de l'INSERM se sont fait accompagner par un expert en physiologie cardiaque et par un lauréat du prix Nobel de physique. Comme je l'explicite dans ma lettre reproduite à l'annexe 9, ce physicien était au départ plein de préjugés contre des expériences qu'il jugeait « impossibles ». Ayant assisté à l'une d'entre elles, il a ensuite adopté une attitude plus prudente. Bien qu'elle ait été mise dans l'impossibilité d'évaluer les aspects théoriques du travail sur la mémoire de l'eau, la commission fit un rapport modéré, qui n'excluait pas la création administrative qui pouvait permettre aux chercheurs de rester groupés.

Quand ils ont présenté leur rapport à la commission de spécialistes, les membres de la délégation se sont toutefois heurtés au scepticisme de leurs collègues. Le conflit a atteint son paroxysme au Conseil scientifique de l'INSERM, où un mandarin a parlé de « magie noire » à propos des expériences de transmission. Des membres du Conseil ont certes tenté de plaider la prudence (« et si par hasard il avait raison ? L'INSERM ne s'en remettrait pas ! »), mais le vote a été défavorable à la demande des chercheurs.

Choqué de la façon dont ses collègues s'étaient comportés, un membre du Conseil scientifique de l'INSERM a envoyé à Benveniste une lettre dans laquelle il écrivit :

> Un 2/3 de tour de table a été pratiqué avant le vote. Il n'y a pas eu à mon sens de débat ; seulement l'affirmation de convictions pour les uns, ou un désir d'esquive pour les autres.
>
> À mon tour, j'ai voulu indiquer que votre compétence scientifique est reconnue, que le projet de Mme Thomas ne manquait pas d'arguments expérimentaux auxquels on pouvait, au moins, accorder le bénéfice du doute et qu'il serait

ballot de la part de l'INSERM de brûler Benveniste. J'ai voté en faveur de la prise en considération de cette demande, moins pour des raisons scientifiques que pour des raisons d'éthique intellectuelle.

Avec ou sans guillemets, existe-t-il une « science officielle » ? Les procédures d'évaluation étant conduites par des scientifiques qui sont juges et parties, il y a une tendance naturelle à ce que les projets et les hommes régressent vers une moyenne qui suscite le moins de commentaires. Nous évoluons vers une recherche BCBG. Les règles de cette recherche conviennent très bien à celles et à ceux qui font carrière ; elles frustrent celles et ceux qu'attire le caractère ludique de l'aventure scientifique. À chacun ses choix.

En guise de conclusion, je n'ai pas le sentiment que le dossier de Mme Thomas et celui de votre groupe en général ait reçu l'évaluation éclairée que n'importe quel scientifique est en droit d'attendre d'une institution qui se veut professionnelle. Beaucoup plus grave à mes yeux est le fait que cette évaluation n'a pas été tolérante.

Je n'ai pas rencontré l'auteur de cette lettre, mais il est clair qu'elle ne peut émaner que d'un dangereux gauchiste à la solde de l'industrie homéopathique.

Pendant les vacances d'été, au moment où l'on annonce les augmentations du prix des timbres et des tickets de métro, le directeur général de l'INSERM a fait part de sa décision de la façon la plus administrative possible, dans une lettre d'un paragraphe.

À la rentrée d'automne, il informa Benveniste de la fermeture de son unité et de la nécessité pour les personnes de cette unité de chercher un autre lieu de travail. Après avoir couvert Benveniste de fleurs, le directeur général lui dit une seule chose : publiez, et tout rentrera dans l'ordre. Quand on sait que Benveniste a dû arrêter toute recherche sur les hautes dilutions pour refaire des expériences qu'il avait déjà faites, simplement pour satisfaire la demande du directeur général, que celui-ci avait nommé un de ses anciens collègues pour surveiller le travail de Benveniste, que la publication de ce nouveau travail a été refusée dans les conditions que j'ai expliquées et dont le directeur général a été informé, que ces expériences ont ensuite été publiées dans les *Comptes rendus de l'Académie des Sciences* avec la signature de l'expert désigné par l'INSERM, on a une bonne illustration de l'escalade de la preuve dans laquelle Benveniste s'est laissé piéger.

Dans la lettre accompagnant l'annonce officielle de la fermeture de son laboratoire, le directeur général lui écrivit : « *Publiez* *, et il n'y a aucune raison que vous ne soyez pas, à nouveau, reconnu. Les dix-huit mois de crédits alloués par l'INSERM au-delà du 31/12/93 vous en laissent largement le temps et la possibilité matérielle. »

Le 18 octobre 1993, Benveniste envoya au directeur général une longue lettre personnelle sollicitant son soutien. Dix jours plus tard, le responsable du bureau de la mobilité de l'INSERM venait accélérer la désertification du laboratoire en conseillant vivement aux personnels de choisir rapidement un autre lieu de travail sous peine d'être contraints plus tard d'accepter une affectation qui ne leur conviendrait pas.

Au moment où j'achève ce manuscrit, Jacques Benveniste et Yolène Thomas tentent encore une fois de trouver une solution pour que l'équipe qui travaillait sur la mémoire de l'eau ne disparaisse pas complètement. Dans ce but, ils se sont adressés à nouveau à l'INSERM, mais en faisant disparaître de leur projet toute mention des recherches sur la mémoire de l'eau. Il sera intéressant de voir si cette décision d'autocensure aura plus de succès que les autres.

Pour conclure ce chapitre, je voudrais faire une remarque à propos de l'attitude du directeur général de l'INSERM. Celle-ci a pour objet de dépasser les querelles de personnes, en soulignant un des enjeux de la bataille de la mémoire de l'eau. En 1988, après la visite des émissaires de *Nature* au

* Souligné dans la lettre du directeur général.

laboratoire de Benveniste et la publication de leur rapport, le directeur général précisait sa position officielle dans une lettre adressée au président du Conseil scientifique de l'INSERM et au responsable de la commission de spécialistes dont dépendait Benveniste. Mettant en garde contre ce qui pourrait apparaître comme une atteinte à la liberté de recherche, il récusait toute forme de « censure ».

« Censure », voilà enfin le mot lâché ! À vrai dire, c'est la seule fois où je l'aie rencontré dans un document écrit pendant mon enquête sur l'affaire de la mémoire de l'eau. Conformément à l'attitude évoquée dans cette directive officielle, le directeur général passa outre la motion de censure pourtant unanime du Conseil scientifique de l'INSERM à l'occasion du renouvellement quadriennal du mandat de directeur de laboratoire de Benveniste, en 1989.

Comment faut-il comprendre que, quatre ans plus tard, le directeur général ait adhéré à la motion de censure du Conseil scientifique, pourtant moins unanime ? Je crois que la réponse à cette question se trouve dans la lettre officieuse déjà citée. Dans cette lettre, le directeur général écrivit à Benveniste : « *Publiez* », en précisant « dans une revue scientifique de haut niveau ». Autrement dit : débrouillez-vous pour convaincre vos pairs.

Alors que d'autres scientifiques avaient le nez sur leur champ de recherche, le directeur général a bien vu que l'un des enjeux de l'affaire de la mémoire de l'eau (à mon avis l'enjeu principal, sur lequel je reviendrai) était de nature politique. J'appelle cet enjeu la règle d'or des chercheurs. Cette règle revient à exiger que, quoi qu'il arrive, les scientifiques doivent régler leurs affaires en famille. Tel était le sens de l'interdiction faite par le directeur général à Benveniste de s'adresser à la presse en 1989. Quatre ans plus tard, tel était le sens de son injonction de « publier » : cette injonction plaçait au second plan les intérêts intellectuels, médicaux ou technologiques d'une recherche, en donnant la priorité au fait de s'en tenir strictement au contrôle par les pairs. Par mon récit, j'ai voulu souligner les inconvénients de cette politique corporatiste de la recherche.

L'imprimatur des experts est la forme moderne du *nihil obstat* de l'Église catholique. Le fait que le directeur de l'INSERM se soit retranché derrière une demande de publication de « haut niveau » illustre le lien étroit entre les différentes formes de censure. La censure institutionnelle s'appuie sur la censure éditoriale, qui s'appuie elle-même sur les différentes formes de censure illustrées dans les chapitres suivants.

Chapitre 6

L'usage pervers d'outils techniques légitimes

Les formes de censure institutionnalisées décrites dans le chapitre précédent ne sont pas celles qu'utilise d'habitude l'institution scientifique pour contrôler ses membres. Ces formes sont plutôt rares, surtout la répression institutionnelle. Si je leur ai accordé une telle place, c'est parce qu'elles sont plus faciles à expliquer que celles qui se cachent derrière des arguments techniques.

La mise en œuvre d'un rapport de force défavorable à l'innovation scientifique est généralement plus diffuse et plus subtile que celle que j'ai évoquée jusqu'ici. Lorsque l'hérétique qui propose une innovation radicale a réussi à forcer le barrage de la publication par des revues à comité de lecture, il reste encore deux sortes d'armes qui, en apparence, sont purement techniques et purement objectives. L'une est la tentative pour reproduire les observations contestées ; l'autre est l'arsenal des critiques techniques.

En apparence, il s'agit des outils légitimes de la critique intellectuelle. Dans la science normale, c'est effectivement ainsi que ces outils sont utilisés. C'est quand la science normale est « menacée » que ces outils intellectuels légitimes sont utilisés de façon perverse, en profitant d'un rapport de force qui permet d'utiliser la critique de façon totalement déséquilibrée.

Au moyen d'efforts surhumains, l'hérétique peut tout juste

formuler ses arguments. Nous verrons que, en revanche, ceux qui l'attaquent ont droit à n'importe quel mode d'expression, si peu scientifique soit-il. C'est ce que je m'efforcerai d'illustrer maintenant, en m'excusant à l'avance du caractère parfois technique de l'argumentation.

Les simulacres de reproduction

Le concept de reproductibilité est l'exemple type d'outil technique qui peut être utilisé de deux façons différentes. Comme d'autres outils techniques, il peut être au service soit d'un désir de connaissance soit d'un désir de méconnaissance. Dans ce cas comme dans d'autres, ce n'est donc pas l'outil que je critique mais la manière dont il est parfois utilisé.

Des sociologues de la science ont analysé le caractère relatif de la notion de reproductibilité en science et ont étudié en détail des exemples qui montrent à quel point il est difficile de reproduire une expérience. Parmi les conditions *sine qua non* pour réussir la reproduction d'une expérience, les deux conditions principales sont les suivantes :

> Condition n° 1 : Prendre en compte dans le plan expérimental la variabilité intrinsèque du phénomène, particulièrement en biologie. Ceci implique en particulier de ne pas faire de modifications du plan expérimental d'origine sans tenir compte de l'état des connaissances théoriques disponibles. Seules celles-ci permettent de distinguer les conditions qui sont cruciales à la réussite d'une expérience et celles qui ont peu d'influence.
>
> Condition n° 2 : Être dans un état d'esprit qui laisse une chance au phénomène contesté de se manifester s'il existe. Ceci implique en particulier un désir réel de savoir et une bonne dose de persévérance (plutôt qu'un « je ne veux pas le savoir »), ainsi que la volonté et la possibilité d'obtenir les

détails et les recettes qui permettent de réussir une expérience difficile.

Dans les semaines qui ont suivi la publication de l'article à propos de l'effet de certaines hautes dilutions sur la coloration des basophiles humains, *Nature* publia quatre comptes-rendus d'expériences prétendant montrer que cet effet n'était pas reproductible. Nous allons voir que, dans tous les cas, les auteurs se sont placés dans des conditions telles que, *a priori*, ils avaient de bonnes chances d'obtenir le résultat négatif qu'ils cherchaient.

D'un point de vue technique et rationnel, la preuve d'une non-reproductibilité est beaucoup plus difficile à faire que celle d'une reproductibilité. En effet, en cas de réussite, il suffit de montrer que l'on a agi suivant les règles de l'art. En cas d'échec, par contre, il faut également montrer que l'on n'a négligé aucun des nombreux facteurs qui pourraient empêcher l'expérience de réussir. Ce point étant tout à fait crucial, il me semble nécessaire de l'illustrer par quelques exemples.

Commençons par un exemple tiré de la vie courante. Quelqu'un vous fournit une recette pour faire un gâteau. Si vous réussissez, vous saurez à la fois que c'était une bonne recette et que vous l'avez suivie avec assez de soin. En cas d'échec, au contraire, vous ne saurez pas ce qu'il en est. Imaginons que cinq personnes essaient la recette et que trois échouent alors que deux réussissent. Vous en tirerez deux conclusions : 1) la recette est « bonne », 2) elle est difficile à suivre.

Quand il s'agit de biologie et de chimie, la comparaison avec une recette de cuisine n'est pas hors de propos, mais l'histoire des sciences fournit aussi de nombreux exemples de non-reproductibilité en physique. C'est ainsi que l'on n'a pas réussi à reproduire l'expérience de la balance de Coulomb, expérience qui est à la base de toute la théorie des phénomènes électrostatiques. Les chercheurs contemporains n'ont pas accusé Coulomb de fraude ni remis en cause la fameuse « loi de Coulomb » en $1/r^2$. Ils ont simplement constaté la difficulté de reproduire une expérience délicate, pour toutes sortes de raisons qu'ils ont analysées.

Un exemple historique intéressant de non-reproductibilité m'a été fourni par Isaac Behar, qui a fait un travail sur une controverse présentant plusieurs analogies avec celle de la mémoire de l'eau. Il s'agit de la transmission de l'influx nerveux à travers les synapses *. Comme chacun sait, cette transmission a une composante électrique qui peut être détectée par des moyens physiques. Ce que l'on sait moins est que, à l'origine, on pensait que ce signal était aussi de nature électrique quand il traversait les synapses. Quand Loewy annonça qu'il avait découvert que ce signal était en fait de nature chimique, personne ne l'a cru et on a « démontré » que ses expériences n'étaient pas reproductibles. Après un quart de siècle de batailles acharnées, on finit par admettre que Loewy avait raison.

La théorie hérétique de la transmission chimique de l'influx nerveux à travers les synapses a ainsi remplacé l'ancienne théorie orthodoxe d'une transmission électrique. Par ailleurs, on a fini par comprendre pourquoi les expériences de Loewy qui ont permis de découvrir les neurotransmetteurs n'étaient pas reproductibles : on n'utilisait pas la même espèce d'animaux que lui. On comprit aussi qu'il avait eu de la « chance » parce que, pour des raisons physiologiques, son système expérimental ne pouvait marcher qu'avec l'espèce animale qu'il utilisait (et que ses détracteurs n'utilisaient pas).

Béhar fait remarquer que l'intérêt de cet exemple historique tient aussi à son analogie avec les expériences de transmission de Benveniste. Dans le cas de l'influx nerveux, un message que l'on croyait purement électrique s'avère pouvoir être relayé par un produit chimique. Dans le cas des expériences de Benveniste c'est l'inverse : une information que

* Les synapses sont des discontinuités dans les nerfs.

l'on associe à un support matériel semble pouvoir être transportée par des moyens purement électriques.

Après cette mise en perspective du problème de la reproductibilité, examinons les expériences qui étaient censées prouver la non-reproductibilité de l'effet des hautes dilutions d'aIgE sur la coloration des basophiles. Le type de test utilisé par l'équipe de l'INSERM pour mettre en évidence l'effet biologique de hautes dilutions était indiqué dès le résumé qui précédait l'article. Ce résumé commençait de la façon suivante :

> Quand des basophiles humains polymorphonucléaires, des globules blancs du sang ayant à leur surface des anticorps de l'immunoglobuline de type E (IgE), sont exposés à des anticorps anti-IgE, ils libèrent de l'histamine et modifient leurs propriétés de coloration. *Ce dernier phénomène* * peut être mis en évidence avec des dilutions d'anti-IgE dans la gamme comprise entre $1x10^2$ à $1x10^{120}$.

Si incroyable que cela puisse paraître *aucune des trois* ** *expériences n'a utilisé le test de coloration des basophiles pour étudier l'effet biologique des hautes dilutions mais au contraire la libération d'histamine*. On croit rêver. Trois publications sont censées montrer qu'un effet n'existe pas, alors que ces trois publications portent sur un autre phénomène biologique. Est-ce beaucoup solliciter les faits que de penser que les auteurs n'avaient pas un désir très fort de « réussir » leurs expériences ? Compte tenu du contexte évoqué plus loin et de la précipitation d'expériences réalisées et publiées en quelques semaines, je ne le pense pas.

Un dernier détail technique illustre le peu d'empressement à réussir. Dans deux des trois expériences sur les basophiles, les auteurs n'ont même pas pris la peine d'utiliser des baso-

---

* C'est moi qui souligne.

** Il s'agit des trois expériences réalisées hors de Clamart et publiées par *Nature* quelques semaines après celles de l'équipe de Clamart.

philes humains. Ils se sont contentés de basophiles de rats ! Rats ou hommes, peu importe, puisque l'objectif était de discréditer à tout prix les expériences sur la mémoire de l'eau. L'importance de ce détail apparaît quand on sait que l'un des auteurs du simulacre de reproduction avec des basophiles de rats n'est autre que l'un des rapporteurs choisis par *Nature* et qui avait déconseillé la publication de l'article de Davenas *et al.* et l'un des deux experts que choisira plus tard l'INSERM pour donner son avis sur les expériences contestées.

La dernière « preuve » de la non-reproductibilité des effets de hautes dilutions publiée dans la précipitation par *Nature* résulte de l'enquête dirigée par Maddox, le rédacteur en chef de la revue *Nature*, dans la semaine qui a suivi la publication de l'article original. Le rapport de cette enquête a été la base d'un certain nombre d'accusations d'incompétence ou de fraude et nous reprendrons cette question.

Pour l'instant, restons-en aux expériences rapportées par les auteurs de l'enquête, dont nous verrons qu'elles ont été réalisées dans des conditions impropres à une évaluation scientifique. Si je donne ici un certain nombre de détails sur cette « expertise », c'est parce qu'elle a joué un rôle déterminant dans l'attitude des autres scientifiques, dont les prises de position n'ont fait souvent que reproduire celles du rédacteur en chef de *Nature*. Sans avoir l'excuse du manque de temps, les scientifiques ont fait preuve par ce mimétisme d'aussi peu d'indépendance que des journalistes s'alignant sur l'article d'un grand quotidien parisien.

Dans les trois premières expériences, les enquêteurs de *Nature* se sont contentés d'observer Davenas réaliser une gamme de hautes dilutions d'aIgE et en tester les effets sur la coloration des basophiles. Dans les trois cas, l'effet des hautes dilutions sur la coloration était nettement perceptible. Ils ont ensuite observé une expérience lue en aveugle dans laquelle ils ont codé les tubes, de sorte que Davenas ignorait à quelle dilution correspondaient les basophiles qu'elle comptait. L'expérience a été réussie en ce sens que, à elle seule, elle aurait pu fournir une présomption de l'existence d'effets de hautes dilutions.

La suite illustre bien le lien entre le dogmatisme scientifique et les rapports de force. Dans une situation normale, on aurait dit aux enquêteurs : que voulez-vous encore ? Mais les enquêteurs avaient leur idée fixe, qu'ils n'ont pas tardé à « démontrer ». L'idée fixe était qu'il devait y avoir eu fraude. Pas dans le comptage des basophiles, puisque celui-ci avait été fait en aveugle. L'hypothèse qui transparaît, à la fois à travers le discours des enquêteurs et à travers leur comportement, est que, en préparant les dilutions, Davenas aurait mis du produit actif dans certaines des dilutions. Elle aurait donc introduit de l'aIgE dans certains des tubes, à la barbe d'un spécialiste de la détection des fraudes et d'un magicien professionnel de haute volée. Fortiche, la sorcière !

Les enquêteurs ont alors modifié leur système de surveillance. Ils ont par ailleurs monté tout un cinéma pour renforcer les procédures de codage, en collant l'enveloppe des codes au plafond, sous le contrôle du magicien Randi. L'un des autres enquêteurs, Stewart, a également mis la main à la pâte. Au moment de la coloration, il a effectué lui-même certaines des opérations (alors que, signalons-le, il n'avait pas la moindre expérience dans ce domaine). Toujours est-il que, sur trois expériences, une a été disqualifiée parce que l'échantillon de sang n'était pas sensible et deux ont donné un résultat négatif. Ayant enfin obtenu la « preuve » qu'il était venu chercher, le rédacteur en chef de *Nature* s'en est tenu là.

Toute l'argumentation *implicite* de Maddox repose sur une vision naïve de la reproductibilité d'expériences scientifiques. C'est ainsi qu'il écrit dans son rapport qu'il fut « surpris » d'apprendre que les expériences ne marchent pas toujours. Comparera-t-on le vol des fusées Ariane à l'observation d'une licorne sous prétexte que certains vols spatiaux font long feu ? N'importe quel biologiste sait que, dans la plupart des cas, la reproductibilité est encore moindre dans le cas d'expériences sur le vivant. C'est précisément pour cette raison que les chercheurs de l'INSERM avaient réalisé trois cents expériences (dont une cinquantaine en aveugle *avant* les sept expériences évoquées à l'instant).

La naïveté biologique de Maddox atteint son comble quand il s'étonne d'avoir appris que certains sangs ne présentent pas de baisse perceptible de la coloration, même avec des dilutions normales d'aIgE. Si les organismes humains n'avaient pas cette variabilité, nous ne serions pas ici pour en discuter parce que l'espèce humaine aurait été détruite depuis longtemps par les épidémies. Monsieur Maddox va-t-il nier la réalité de la peste ou du choléra sous prétexte que, attaqués par le même micro-organisme, les individus réagissent de façon différente, les uns mourant, les autres réussissant à repousser l'assaillant ?

Une dernière remarque technique illustre à quel point Maddox était aveuglé par son désir de prouver la non-existence des effets de hautes dilutions. J'ai dit plus haut que les expériences avaient été réalisées dans des conditions impropres à une expérimentation scientifique. Là encore, les indices quantitatifs et factuels vont dans le même sens que les indices qualitatifs et subjectifs que nous examinerons dans le prochain chapitre. Dans les 130 semaines qui ont précédé la venue de Maddox et de ses deux détecteurs de fraude, Davenas n'avait jamais réalisé un nombre aussi important d'opérations en si peu de temps (réalisation de sept gammes de hautes dilutions, de sept préparations cellulaires et comptage des basophiles correspondants en quatre jours et demi).

Compte tenu des conditions harassantes de travail (que Maddox a imposées à Benveniste et à Davenas par ses soupçons de fraude) et compte tenu de la participation de Stewart à certaines des étapes expérimentales, il n'est pas étonnant que certains échantillons de contrôle aient été erratiques. Maddox accorde plus de pages au compte-rendu des sept expériences qu'il rapporte qu'il n'en avait accordé à l'article décrivant les trois cents expériences qu'il dénigre. Toutefois, il se garde bien de publier les nombres de basophiles qui auraient permis aux lecteurs de son rapport de connaître cette fluctuation erratique. On a là un bel exemple d'objectivité scientifique. Quand j'ai consulté les livres de laboratoire de Davenas, je me suis rendu compte que, dans celle des deux expériences finales qui est la moins « réussie », le comptage des basophiles varie presque du simple au double ! C'est sur la base de tels résultats, obtenus dans des conditions impropres à une expérimentation scientifique, que Maddox a publié un article fracassant intitulé « Les expériences de haute dilution sont une illusion ».

Quelques années plus tard, deux autres simulacres de reproduction ont été publiés, dont l'un a paru dans *Nature* récemment. Le premier des deux articles, qui a été publié en 1992, est évoqué dans une note de l'annexe 2. Par ailleurs, j'ai détaillé à l'annexe 6 mon analyse de l'article publié par *Nature* en décembre 1993. Cet article me semble la manifestation d'une irrationalité scientifique qui n'a même pas l'excuse de l' « urgence » des articles publiés par *Nature* pendant l'été 1988.

Pour clore le compte-rendu de ce procès en non-reproductibilité, je rappellerai les publications déjà parues sur l'effet de hautes dilutions. En dehors des systèmes biologiques évoqués aux chapitres 2 et 3, cinq autres systèmes ont permis à quatre autres groupes de publier des comptes-rendus sur des effets de hautes dilutions. En 1994, répéter que les effets de hautes dilutions ne sont pas reproductibles relève plus de l'exorcisme incantatoire que du débat scientifique.

L'usage pervers de la statistique

Dans un livre intitulé *Comment mentir avec des statistiques*, un scientifique traite ce thème avec humour, en commençant par citer Disraeli, auquel on attribue la boutade suivante :

« Il existe trois sortes de mensonges : les mensonges ordinaires, les fieffés mensonges et les statistiques. »

À propos de la censure éditoriale, nous avons vu un exemple caricatural d'arguments d'apparence statistique qui n'étaient que de la poudre aux yeux. Dans l'affaire de la mémoire de l'eau comme dans celle des transmissions, on a aussi utilisé des arguments plus sophistiqués pour refuser de prendre en compte des résultats empiriques.

Un premier type d'arguments est relatif à une dispersion jugée insuffisante de certains comptages. Cet argument a été utilisé en faisant un amalgame entre deux types de situations : celles dans lesquelles les comptages de contrôle étaient effectués en ouvert (et pouvaient être biaisés) et celles dans lesquelles la possibilité de biais avait été prise en compte par une procédure en aveugle. Ici, l'utilisation des statistiques a été particulièrement perverse puisqu'elle a permis d'introduire un soupçon de fraude *sans l'expliciter*, et donc sans avoir à l'argumenter. Comme je le montre à l'annexe 8, non seulement le soupçon n'est pas techniquement fondé, mais il a peut-être contribué à étouffer une autre découverte intéressante qui, elle, n'avait rien à voir avec les hautes dilutions.

Un autre argument statistique frise lui aussi l'accusation de fraude : Benveniste ne présenterait que les expériences qui « marchent », en cachant celles qui « ratent ». Dans le cas des expériences sur les basophiles que j'ai examinées, cet argument revient à accuser de faux ou d'usage de faux à la fois Benveniste, Davenas et ceux qui ont participé au codage des cinquante expériences effectuées en aveugle *avant* l'enquête de *Nature* et *avant* la répétition effectuée sous le contrôle de Spira. Là encore, ce soupçon de malhonnêteté reste généralement implicite et l'on se contente de parler d'« expériences statistiquement mal contrôlées ».

Une stratégie souvent utilisée dans les polémiques scientifiques consiste à utiliser les statistiques pour « noyer le poisson », c'est-à-dire pour cacher l'effet que l'on ne veut pas voir. Cette stratégie a été employée récemment par l'équipe anglaise déjà mentionnée, dont l'article est analysé à l'annexe 6. Pour faire sentir au lecteur non spécialisé le genre de passe-passe mis en œuvre, je prendrai une question fictive, dont le lecteur connaît la réponse. Imaginons un chercheur stupide (hypothèse absurde, j'en conviens) qui contesterait la théorie suivant laquelle, au cours des âges, les fils sont toujours nés après leurs pères.

Pour démontrer sa thèse, notre chercheur imaginaire pourrait s'y prendre de la façon suivante. Afin que son échantillon soit bien documenté et s'étende sur une très longue période, il analyserait la généalogie des rois de France. Après avoir enfourné les années de naissance dans un ordinateur, il publierait les chiffres donnant, d'une part, la moyenne et la dispersion des années de naissance des pères, d'autre part, la moyenne et la dispersion des années de naissance des fils. À part le premier et le dernier, chaque roi intervient à la fois dans la liste des fils et dans celle des pères, de sorte que les sommes des années de naissance des deux listes sont très voisines. Dans la limite des dispersions statistiques, les deux moyennes obtenues à partir de ces deux sommes seraient impossibles à différencier et notre chercheur pourrait écrire : « Nous avons examiné une généalogie particulièrement étendue et particulièrement bien documentée. Dans la limite des dispersions statistiques, l'hypothèse suivant laquelle les pères naîtraient avant leur fils n'a aucun fondement scientifique. Sans doute, la croyance bizarre en cette hypothèse résulte-t-elle de l'obscurantisme de notre temps. »

Une autre façon de gommer des résultats significatifs est de les noyer dans une masse de résultats non probants. Supposons que, agacés par les écrits profanes sur les sourciers, des chercheurs d'obédience rationaliste fassent une enquête auprès de 100 sourciers et imaginons que, parmi ceux-ci, il y ait 97 charlatans et 3 personnes ayant effectivement une sensibilité particulière aux champs magnétiques.

Supposons que chaque sourcier soit soumis à 20 épreuves,

chaque épreuve consistant à répondre par oui ou non à la question suivante : y a-t-il une source de champs magnétique cachée ? Ceux qui répondent au hasard auront en moyenne 10 réponses justes et 10 réponses fausses. Pour simplifier, supposons que nos hypothétiques sourciers authentiques ne fassent aucune erreur et qu'ils obtiennent chacun une note de 20 sur 20.

En additionnant les notes obtenues par tous les sourciers, on obtiendrait une valeur proche de cent fois la valeur moyenne attendue d'après les lois du hasard (10). Aveuglés par leurs convictions rationalistes, les chercheurs pourront en toute bonne foi déclarer que le phénomène de sensibilité biomagnétique est inexistant. Effectivement, si on s'en tient aux résultats *globaux*, en mélangeant tous les scores, on trouvera une note totale très proche de la valeur attendue, à savoir 1 000. En réalité, les hypothétiques résultats esquissés plus hauts seraient statistiquement très probants. En effet, la probabilité d'obtenir par hasard trois fois une note de 20 sur 20 est quasiment nulle. En examinant les scores *individuels*, il faudrait en réalité conclure à l'existence d'un phénomène réel. Pour nier la réalité du phénomène, on pourrait toujours prétendre qu'il faut recommencer la série d'expériences parce que les précautions contre la fraude n'ont pas été suffisantes.

Ce que j'ai essayé de faire sentir au lecteur avec ce dernier exemple est que, dans certaines conditions, quelques résultats positifs peuvent avoir plus de poids scientifique que de nombreux résultats négatifs. Autrement dit, quelques expériences réussies peuvent parfois avoir plus de sens que des expériences ratées.

Le harcèlement scientifique

Comme le simulacre de reproduction, le harcèlement scientifique représente la perversion d'un outil intellectuel légitime, à savoir la critique technique. On utilise un rapport de force très déséquilibré pour empêcher un vrai débat scientifique. Si j'ai choisi le terme de harcèlement, ce n'est pas tant pour caractériser la violence des propos que la disproportion dans les normes exigées pour faire entendre son point de vue. Dans un cas, on exige une perfection quasi divine ; dans l'autre, tout est bon pourvu que les arguments soient utilisés pour la « bonne cause ».

Pour mettre en œuvre la stratégie du harcèlement scientifique, il suffit d'aller dans le sens du vent. Les adversaires de la mémoire de l'eau qui s'étaient livrés aux simulacres de reproduction analysés plus haut ont au moins dû faire l'effort de réaliser des expériences, si bâclées soient-elles. Le harcèlement est une façon beaucoup plus économique de faire taire un gêneur.

De façon indépendante et qui n'a pas besoin d'être concertée, on bombarde le chercheur qui menace la science « normale » avec des questions, des critiques, des suggestions. Tout cela de la manière la plus « neutre » et la plus technique possible. Face à ce bombardement, le chercheur hérétique est pris entre Charybde et Scylla. Il peut choisir d'explorer une à une les innombrables pistes qu'on le somme de suivre, ne serait-ce qu'en s'efforçant de publier des réponses qui montrent leur absence de pertinence. Il est alors immobilisé pour dix ans, à la fois par l'escalade sans fin des nouvelles expériences et des nouveaux « contrôles » qu'on exige de lui et par d'épuisantes batailles contre la censure. Il peut aussi choisir de poursuivre son chemin solitaire, au risque d'être accusé de ne pas tenir compte des critiques qui lui ont été faites et de se voir couper les vivres. « Publiez », dira l'Institution, faites admettre votre point de vue par vos pairs sinon plus de laboratoire de recherche.

Sachant que le nombre des paramètres que vous pouvez sommer le gêneur de « contrôler » est pratiquement infini, vous avez là une source inépuisable de munitions, à la fois pour l'immobiliser et pour le discréditer. La seule limitation à l'escalade des exigences est la force intérieure du chercheur momentanément isolé et sa capacité à développer des alliances susceptibles de modifier *progressivement* le rapport des forces.

Dans la phrase précédente, j'ai souligné le mot « progressivement », pour expliciter un point sur lequel mon analyse diffère de celle de Benveniste. Je pense que, comme ses adversaires, celui-ci est victime du modèle mystificateur de l'« expérience cruciale » qui fera brusquement basculer les convictions. Toute l'histoire des sciences tend à montrer au contraire que les choses ne se passent presque jamais comme ça.

Après ces considérations sur les liens entre le fardeau de la preuve et le rapport des forces, revenons aux expériences sur la mémoire de l'eau et, plus précisément, sur les hautes dilutions. Au moment où *Nature* publiait l'article sur les basophiles qui est à l'origine de l'« affaire Benveniste », Jean-Marie Lehn, lauréat du prix Nobel de chimie, concluait un entretien avec un journaliste du *Monde* en déclarant :

> Je voudrais, pour finir, insister sur le fait que, en définitive, la chasse aux sorcières n'existe pas dans le domaine scientifique. Nous avons bien sûr affaire à un domaine très passionnel. La thèse qui veut que les scientifiques qui essaient de faire des choses rejetées par la science dite officielle ne pourraient être entendus, est un argument qui ne tient pas. La chose peut être vraie, pendant une année ou deux, mais l'information finit toujours par être publiée si un travail est réalisé avec une méthodologie correcte.

Deux ans après cette déclaration rassurante sur l'ouverture d'esprit de la science officielle, l'éminent chimiste parraina la publication par l'Académie des Sciences d'un de ces obus de harcèlement auxquels je faisais allusion. L'article ainsi parrainé s'intitulait : « La "mémoire de l'eau" : remarques sur le test utilisé ». Se référant à une expérience de chimie qu'il caractérisait ironiquement comme « souvent décrite dans les manuels de travaux pratiques à l'usage de chimistes débutants », l'auteur rappelait l'influence de l'oxygène de l'air sur le colorant utilisé dans le test de coloration des basophiles. Il en conclut que les pertes de coloration observées dans les expériences de hautes dilutions pourraient fort bien provenir de l'agitation qui les accompagne et non pas de l'empreinte du signal chimique qui serait maintenue à travers les dilutions successives. Pour faire bonne mesure, il suggérait de refaire les expériences en atmosphère inerte.

Cet article illustre un schéma stéréotypé : une critique technique accompagnée d'une suggestion pour « contrôler » un paramètre. Dans le cas présent, la critique et la suggestion illustrent le fait que l'objectif n'était pas de faire avancer la connaissance scientifique mais au contraire de lancer n'importe quel argument d'apparence technique pour retarder cette connaissance. Dans ce cas précis, on peut se poser la question de savoir si l'auteur de la note à l'Académie des Sciences et l'éminent chimiste qui l'a parrainée ont vraiment lu l'article de *Nature* sur l'effet de hautes dilutions d'aIgE sur la coloration des basophiles. En tout cas, ils ne semblent pas avoir dépassé la première page.

En effet, la deuxième page de l'article de *Nature* contient une figure qui illustre la comparaison entre les pertes de coloration provoquées par de l'aIgE à hautes dilutions et celles provoquées par les *mêmes* dilutions d'un autre produit, obtenues dans les *mêmes* conditions d'agitation, jusqu'à la soixantième dilution centésimale (qui correspond à la 120e dilution décimale). Alors que les hautes dilutions obtenues à partir du premier produit manifestent les trois sortes d'effets exposés au chapitre 2, on n'observe aucun effet dans le cas des hautes dilutions obtenues à partir du deuxième produit. On ne peut donc pas attribuer la décoloration à l'agitation seule.

Du point de vue strictement technique, l'obus était donc un pétard. Ceci ne l'a pas empêché de jouer son rôle de harcèlement. En général, le bombardement par des critiques tous azimuts est suivi d'une deuxième phase qui est celle des rapports d'experts. « Untel a rapporté tel fait ; mais ses expériences ont été très critiquées. » Suit la liste des références aux nombreuses critiques, justifiées ou non justifiées Objectivité oblige, l'expert ne prend pas parti, il résume simplement les « données scientifiques actuellement disponibles ».

Dans le cas de la mémoire de l'eau, cette deuxième phase est restée latente, à l'état de rumeur. Considérées comme nulles et non avenues, les expériences sur la mémoire de l'eau n'ont fait l'objet à ce jour d'aucune revue de question scientifique. Nous aborderons plus loin les autres critiques, mais continuons à suivre celle publiée par les *Comptes rendus de l'Académie des Sciences* puisqu'elle est la seule qui soit parue en France.

Pour pouvoir être pris en considération par le comité de lecture des *Comptes rendus de l'Académie des Sciences*, un projet de communication doit nécessairement être d'abord parrainé par un membre de cette Académie. À quelque chose malheur est bon, se dit Benveniste à propos de la parution de la note de Jacques sur le test de coloration des basophiles. Logiquement, Jean-Marie Lehn ne pourra pas refuser de parrainer un compte-rendu d'expérience qui illustre l'absence de pertinence de la note de Jacques. Il sollicita donc le parrainage de l'éminent chimiste. Là encore, les événements ont donné tort à Benveniste, non pas du point de vue scientifique mais du point de vue politique.

Le refus que lui opposa ce chimiste illustre bien les liens entre censure scientifique et rapports de force. Après avoir déclaré que « l'information finit toujours par être publiée si un travail est réalisé avec une méthodologie correcte », l'éminent chimiste se retrancha derrière un alibi formel lié à son domaine de compétence. Ainsi, il aurait été compétent pour juger de la pertinence de l'article de Jacques en tant que critique des expériences sur les hautes dilutions. Par contre, il n'aurait pas été compétent pour juger des expériences elles-mêmes !

La disproportion entre la longueur et l'argumentation de la lettre de Benveniste et la brièveté de celle de Jean-Marie Lehn illustre la thèse suivant laquelle la censure serait « le nœud qui attache le savoir au pouvoir* ». À une lettre argumentée de deux pages, Lehn répondit par une fin de non-recevoir d'un paragraphe. Quand on est lauréat du prix Nobel et membre de l'Académie des Sciences, il n'est plus nécessaire de s'encombrer de discussions scientifiques puisqu'on est devenu l'incarnation sur Terre de la Déesse Raison.

Après avoir évoqué la seule critique technique publiée par une revue scientifique française, j'évoquerai plus brièvement celles qui ont paru en anglais, en renvoyant à l'annexe 7 pour une analyse plus précise. Avec le soutien de *Nature*, dont une réserve éditoriale puis les critiques de Maddox avaient donné l'exemple, les détracteurs de la mémoire de l'eau ont pu donner libre cours à leur imagination pour « expliquer » les résultats publiés par les chercheurs de l'INSERM sur la mémoire de l'eau. Peu importait la pertinence ou la non-pertinence de leur hypothèse dans ses rapports avec les expériences sur les hautes dilutions. L'essentiel était qu'elles aient une vague allure technique pour pouvoir arrêter ce que Metzger appelait dans son article déjà cité l'« atmosphère de cirque » à propos de l'homéopathie. J'ai collationné dans l'annexe 7 les tentatives publiées par *Nature* pour « expliquer » la perte de coloration des basophiles en présence de certaines hautes dilutions. Ces sept publications ont été regroupées par *Nature* sous trois titres évocateurs : « Explication des résultats de Benveniste », « Seul reste le sourire » et « À propos des résultats de Benveniste sur les hautes dilutions, suite ».

Comme je le montre en annexe, aucun des artefacts suggérés ne rend compte des observations. Non seulement les hypo-

---

* Je fais allusion au livre de Jansen paru aux Presses universitaires d'Oxford sous le titre *Censorship : The Knot that Binds Power and Knowledge.*

thèses n'étaient pas pertinentes, mais leurs auteurs auraient su qu'elles ne permettaient pas d'« expliquer » les observations publiées sur les hautes dilutions s'ils avaient réellement étudié l'article qu'il s'agissait de démolir. Dans chacun des cas, l'hypothèse proposée pour « expliquer » les résultats de l'équipe de l'INSERM est en contradiction avec deux à six sortes d'observation, de sorte qu'elle n'explique rien du tout. L'analyse présentée dans les annexes 6 et 7 illustre la partialité de la revue *Nature* dans la polémique sur la mémoire de l'eau.

C'est impossible a priori, donc ça ne s'est pas produit

Je terminerai ces considérations sur l'utilisation perverse de raisonnements scientifiques en m'appuyant sur un exemple tiré du compte-rendu de l'enquête de *Nature* (« Les expériences de hautes dilutions sont une illusion »). À la fin de leur rapport, les enquêteurs de *Nature* évoquent l'observation d'une hypothétique licorne. Par cet exemple, ils cherchent à souligner l'invraisemblance *a priori* des expériences qu'ils venaient de dénigrer. L'utilisation de cette métaphore illustre bien le préjugé du rédacteur en chef de *Nature*, mais laissons de côté les aspects psychologiques pour nous centrer sur les aspects purement techniques.

Toute l'astuce a consisté à utiliser de façon perverse une notion technique légitime, qui est celle de probabilité *a priori*. Cette probabilité concerne la vraisemblance, *compte tenu de tout ce que l'on sait par ailleurs*. Si, par exemple, dans un music-hall vous « voyez » un homme couper la tête d'une femme avec un sabre et que cette femme se relève en souriant, vous jugerez sans doute que vous n'avez pas assisté à un miracle mais à une séance d'illusionnisme particulièrement réussie. En effet, les observations précédentes de type non légendaire (en particulier les mises à mort par guillotine) tendent à montrer que personne ne peut survivre à une décapitation. Par ailleurs, il existe de très nombreux précédents de séances d'illusionnisme, de sorte que la probabilité *a priori* que vous ayez assisté à un « miracle » est infime.

Dans le cas de la querelle des hautes dilutions, par contre, la probabilité *a priori* que Benveniste ait raison est loin d'être négligeable. Pour évaluer cette probabilité, il faut se poser la question suivante, que les détracteurs de la mémoire de l'eau se gardent bien de poser : lorsqu'un chercheur confirmé a annoncé un phénomène provoquant une incrédulité générale parmi les scientifiques, combien de fois une telle incrédulité s'est-elle avérée justifiée et combien de fois s'est-elle finalement révélée injustifiée ?

Il est impossible de répondre à cette question de façon précise, mais cette précision n'est pas nécessaire. En effet, les précédents historiques montrent que la probabilité *a priori* pour que la découverte hérétique d'un chercheur confirmé soit finalement reconnue comme réelle est loin d'être négligeable. Peu importe que cette probabilité soit de 30 %, de 70 % ou de 10 %. L'essentiel est qu'elle est loin d'être infime, de sorte qu'il est illégitime de rejeter une telle découverte *a priori*. Pour les mêmes raisons, il est également illégitime de faire fi d'une longue suite de découvertes qui se sont finalement révélées être des erreurs. Face à des observations inexpliquées, la seule attitude rationnelle consiste à mon avis à dire : continuons à chercher et à explorer.

Chapitre 7

Les scientifiques malades de la rumeur de l'eau

La rumeur scientifique

Dans un livre intitulé *La Rumeur d'Orléans*, Edgar Morin a décrit un exemple d'intoxication par la rumeur. Sous des formes diverses, cette sorte de communication est aussi vieille que l'humanité mais on pourrait penser qu'elle n'a pas cours dans la société savante. Les membres de cette société s'imaginent qu'ils privilégient le savoir « objectif », solidement ancré sur des « faits » et des « preuves ».

En réalité, les scientifiques sont aussi crédules que nous tous, parfois plus même, tant ils sont aveuglés par des « méthodes » qui leur donneraient, sinon le monopole de la vraie connaissance, au moins celui des outils pour y accéder. Là comme ailleurs, la prétention des scientifiques de se distinguer radicalement du commun des mortels semble exorbitante.

Dans mon tout premier échange avec un collègue à propos de la mémoire de l'eau, j'exprimais mon intention d'étudier des publications techniques sur ce thème et je lui proposais une collaboration. En réponse à ma proposition, ce physicien français m'expliqua : « On dit que Benveniste est fou ! » Le deuxième collègue à qui je fis une proposition analogue était un biologiste américain. Ce biologiste m'a répondu : « Mais enfin, ce sont des types qui croient à l'homéopathie ! » Dans les deux cas, mon interlocuteur n'avait pas la moindre information directe sur Benveniste ou sur ses collaborateurs.

Dans l'affaire de la mémoire de l'eau comme dans les autres affaires de ce type, la rumeur viole deux des règles fondamentales de la société savante : 1) Ne s'appuyer que sur des faits précis susceptibles de faire l'objet d'un débat contradictoire. 2) Éviter les attaques dites *ad hominem*. Mais quand il s'agit de sauver la science en danger, on n'y regarde pas de si près. Les attaques contre Benveniste qui ont été propagées par la rumeur concernent sa compétence professionnelle, son équilibre mental et son honnêteté scientifique. Voici quelques exemples dont j'ai été personnellement témoin ou que j'ai lus dans la littérature scientifique.

Les insinuations d'incompétence

Les rumeurs sur la compétence professionnelle de Benveniste sont contradictoires. J'ai entendu dire que, avant l'affaire de la mémoire de l'eau, il passait pour un des rares biologistes français qui soit « nobelisable ». Par ailleurs, j'ai entendu dire dans deux réunions professionnelles qu'il était déjà considéré comme un piètre chercheur *avant* l'affaire de la mémoire de l'eau. La première fois, il s'agissait d'une discussion animée et les paroles ont pu dépasser la pensée. Dans la deuxième réunion, par contre, le chercheur qui présentait cette vision négative de la réputation scientifique de Benveniste s'appuyait sur un texte qu'il avait préparé à l'avance. À propos de cette réputation professionnelle, le chercheur apporta les précisions suivantes, que j'ai enregistrées :

> Tout de suite après l'affaire, j'ai tenté de faire une enquête par l'intermédiaire de questionnaires anonymes sur les critères qui avaient permis aux biologistes et aux autres chercheurs [...] de se faire une idée de ce qu'était la mémoire de

l'eau et c'est la seule fois dans ma vie où j'ai reçu des lettres d'insultes après avoir envoyé une série de questionnaires.

[...]

Comment est-ce qu'il faut comprendre la réputation absolument détestable de Benveniste dans une bonne partie de la communauté biologique bien avant l'affaire de la mémoire de l'eau ? Bon et là il y a une série d'indices.

On pourrait mentionner une série d'histoires qui m'ont été racontées et qui vont dans ce sens-là et où finalement la controverse sur la mémoire de l'eau n'a fait que renchérir sur une marginalité, sur un statut qui étaient apparemment déjà établis. Je terminerai là-dessus.

Personnellement, je dirais que Benveniste semble s'être fait beaucoup d'ennemis en France. Ceci ne donne toutefois pas d'indications sur ses capacités scientifiques ni même sur sa réputation scientifique.

Après ce séminaire sur la mémoire de l'eau, j'ai essayé de rassembler des indices factuels de la réputation professionnelle de Benveniste. La question à laquelle j'ai essayé d'obtenir une réponse n'était pas de savoir quel pourcentage des biologistes français détestent Benveniste et le considèrent comme un gêneur. À première vue, je dirais que ce pourcentage dépasse ce que l'on peut attendre entre « chers collègues » qui se haïssent cordialement. Ce que j'ai voulu savoir est la place qu'accordent aux recherches de Benveniste les chercheurs qui travaillent dans son domaine. La façon la plus simple d'obtenir une réponse quantitative à cette question est de consulter l'outil de référence des études bibliographiques que j'ai déjà mentionné, à savoir le *Science Citation Index*.

J'ai donc compté le nombre de références au nom de Benveniste dans les trois années qui ont précédé l'« affaire » de 1988 et dans les trois années qui l'ont suivie. À titre de comparaison, j'ai pris un groupe de chercheurs de l'INSERM exerçant les mêmes fonctions que Benveniste. Il s'agit des trente directeurs de laboratoire qui dépendaient de la même commission de spécialistes que lui au moment de l'« affaire Benveniste ».

Dans ce groupe, Benveniste arrive premier ex aequo de la course au nombre de citations. En six ans, le nombre des citations aux travaux de Benveniste dépasse largement mille. En moyenne, le nombre correspondant est cinq fois plus faible pour les autres directeurs de laboratoire. D'après les données que j'ai ainsi collationnées, il n'apparaît pas évident que la réputation scientifique de Benveniste soit si détestable. Il semble donc que l'on ait affaire à une rumeur au deuxième degré : cette rumeur porte, non pas sur les capacités professionnelles de Benveniste, mais sur la façon dont ses « pairs » évalueraient ses travaux.

La même conclusion positive quant à la réputation scientifique de Benveniste ressort de l'analyse de ses travaux qu'a publiée le rédacteur en chef de *Science Citation Index*. Celui-ci écrivait en 1989 :

> Il est dans l'intérêt de la communauté scientifique de noter que Benveniste est effectivement un auteur très souvent cité. Une vérification dans le *Science Citation Index* révéla que Benveniste a écrit des douzaines d'articles, dont 13 au moins sont cités plus de 100 fois (tableau 2). C'est une liste impressionnante. Il a publié dans les *Comptes rendus de l'Académie des Sciences* l'article qui, à une exception près, est l'article le plus souvent cité de toute l'histoire des *Comptes rendus*. Et il n'y a pas de doute que le fait qu'un article [de Benveniste] paru dans le *Journal of Experimental Medicine* ait été cité 640 fois représente une performance hors du commun. Ces deux derniers articles sont des *Citation Classics* et nous espérons qu'il écrira prochainement un commentaire sur ces articles [pour les lecteurs de *Current Contents*].

Si c'est ça la « marginalité » et la « réputation absolument détestable » évoquées plus haut, nombreux sont les chercheurs qui s'en contenteraient. Il n'y a pas de fumée sans feu. Ici, le feu est sans doute l'article fracassant de Maddox déjà mentionné « Les hautes dilutions sont une illusion ». Dans cet article, les accusations d'incompétence sont floues et implicites, de sorte qu'elles participent de la stratégie de la censure par la rumeur. La seule et unique information factuelle qui pourrait étayer les insinuations d'incompétence concerne les statistiques. Dans un tableau, les chiffres relatifs à la répétition des comptages de basophiles semblent trop peu dispersés par rapport à une règle statistique connue sous le nom de loi de Poisson.

Les statistiques étant également à la base des insinuations ou des accusations de fraude, la question aurait mérité d'être examinée de près. En fait, la faiblesse des dispersions rapportées dans l'article publié par *Nature* ne justifiait ni l'insinuation d'incompétence ni celle de fraude, comme je le montre à l'annexe 8. Avant de passer à un autre sujet, j'aimerais faire remarquer que l'insinuation d'incompétence à propos des dispersions statistiques est à double tranchant, même en l'absence des éléments théoriques et empiriques présentés à l'annexe 8. En effet, comment expliquer qu'une « erreur » soi-disant si grossière sur les dispersions statistiques ait pu échapper aux nombreux experts qui ont épluché les résultats pendant deux ans avant d'en permettre la publication, alors que la faiblesse de la dispersion est clairement apparente dans l'article publié ?

« On dit qu'il est fou »

Parmi toutes les accusations et les insinuations, celle d'un déséquilibre mental (ou pour parler plus clairement de folie) se prête le mieux à la rumeur, tant elle est floue et mal définie. Comme je l'indique plus haut, cette accusation est la toute première que j'aie rencontrée : « On dit que Benveniste est fou. »

Le physicien américain Langmuir a forgé il y a quarante ans le concept de « science pathologique ». Ce concept a connu un franc succès et la conférence qui le présentait a eu trois éditions successives. La dernière en date de ces trois éditions a été publiée dans le magazine de vulgarisation *Physics Today* en 1989, peu après les controverses sur la mémoire de l'eau et sur la fusion froide. Pure coïncidence ? Je ne crois pas. Quoi qu'il en soit, le texte de Langmuir a servi de munitions aux détracteurs de la mémoire de l'eau. Comme dans le cas de la fusion froide, il s'agirait du délire de scientifiques éminents s'imaginant avoir fait la découverte du siècle.

Dans un livre de vulgarisation sur l'eau paru en 1992, un chimiste français inclut la mémoire de l'eau dans cette « science pathologique ». L'année d'après, il prépara une conférence qu'il intitula « Délires de chercheurs ». La conférence parut sous ce titre dans un livre sur les parasciences.

Ayant eu connaissance d'un texte qui le visait directement, Benveniste a menacé son auteur de poursuites judiciaires, de sorte que les insinuations concernant Benveniste n'ont pas été présentées dans la conférence ni dans le livre sur les parasciences. Vous voyez bien que Benveniste délire : dès qu'on propose une interprétation rationnelle de la mémoire de l'eau, il brandit la menace d'un procès !

Les insinuations de malhonnêteté :
calomniez, calomniez, il en restera toujours quelque chose !

Comme les autres accusations déjà évoquées, celle de fraude se prête bien à une propagation par la rumeur. J'ai eu connaissance d'une telle rumeur quand un journaliste de la BBC qui enregistrait une série d'émissions sur les hérétiques de la science m'a interviewé pour l'émission qu'il préparait sur Benveniste. À cette occasion, j'ai appris qu'un membre de l'Académie des Sciences de Paris lui avait déclaré à propos de la mémoire de l'eau qu'il s'agissait d'une fraude, tout en précisant : « Je vous dis ça entre nous, mais ne me citez pas. »

L'accusation de fraude a plusieurs fois été proférée par écrit dans des publications scientifiques. Dans un article intitulé « Une menace contre la Science », un autre membre de l'Académie des Sciences de Paris présente un encadré qui s'intitule « La Raison contre le Dogmatisme ». Dans cet encadré, l'auteur vitupère successivement l'Église catholique et la mémoire de l'eau qui, d'après lui, aurait été « *inventée** par Benveniste pour justifier l'homéopathie ». L'auteur de l'article « Une menace contre la Science » n'est pas seulement membre de l'Académie des Sciences mais aussi président d'un groupe militant peu représentatif des scientifiques français. Il y aurait donc quelque démagogie à s'en tenir à de tels exemples, qui reviendraient à imputer à l'Église scientifique les outrances de ses intégristes.

Malheureusement, ici, l'intégrisme a pris le dessus et a contaminé la communauté des croyants. Pour mettre ce fait en évidence, j'ai choisi mes exemples dans des revues dont le statut scientifique est attesté par le fait qu'elles font partie de celles qui sont régulièrement analysées par le *Science Citation Index* déjà mentionné. Je commencerai par rappeler les insinuations de fraude contenues dans le rapport du rédacteur en chef de *Nature*, rapport qui a ouvert les vannes aux attaques qui ont suivi. Les trois insinuations de fraude de Maddox étaient les suivantes :

1) Le rédacteur en chef de *Nature*, John Maddox, choisit de superviser des expériences dans l'Unité 200 de l'INSERM en se faisant accompagner de deux personnes qu'il décrivit ainsi :

> L'un de nous [J.R.] est un magicien professionnel [...] dont la présence fut à l'origine jugée désirable, au cas où les résul-

---

* C'est moi qui souligne le mot « inventé ». L'article est de Schatzman, président de l'Union rationaliste. Intitulé « A Threat to Science », il a paru dans le *Skeptical Inquirer*, qui est l'organe international de ceux qui se sont donné pour mission de traquer l'obscurantisme de ce qu'ils appellent les fausses sciences.

tats remarquables rapportés auraient été produits de façon frauduleuse. L'autre [W.W.S.] a surtout travaillé au cours de la dernière décennie à l'étude d'erreurs et d'incohérences dans la littérature scientifique et sur le thème du comportement non éthique dans la recherche.

Il était difficile, sans risquer un procès en diffamation, d'évoquer plus clairement le soupçon de fraude.

2) Le fait que Maddox considéra comme nulles et non avenues les quatre expériences positives qui s'étaient déroulées sous ses yeux, y compris l'expérience dont les comptages avaient été effectués en aveugle.

3) Le grand cas fait des déviations à la loi de Poisson, sans la moindre discussion d'autres possibilités que la fraude ou l'incompétence grossière. Ici, il y a eu un amalgame entre les biais inévitables dans des mesures effectuées en ouvert et la fraude sur des mesures effectuées en aveugle. Évoquer la loi de Poisson pour expliquer que « les hautes dilutions sont une illusion », c'était rejeter la cinquantaine d'expériences qui avaient été effectuées précédemment en aveugle, en laissant croire qu'elles ne pourraient s'expliquer que par la fraude. À propos de la loi de Poisson, l'auteur d'une lettre à l'éditeur parle dans *Nature* de « données synthétiques ».

Non contente d'avoir publié une réserve éditoriale intitulée « Quand croire à l'incroyable ? » puis le rapport déjà évoqué ici, la revue *Nature* a intitulé un autre éditorial sur la mémoire de l'eau « Quand faut-il publier de la pseudo-science ? ».

La stratégie de l'insinuation de fraude a été utilisée de façon particulièrement perfide par Randi. Ce magicien avait organisé une mise en scène des codages lors de l'enquête de *Nature*, avec collage de l'enveloppe des codes au plafond. Dans une interview publiée*, ce magicien a ensuite laissé entendre que quelqu'un avait tenté pendant la nuit d'en

* Interview citée par Alfonsi dans son livre *Au nom de la Science*.

connaître le contenu, que des empreintes digitales auraient pu en révéler l'identité mais qu'il ne voulait faire de tort à personne. Il y a aussi une histoire d'échelle qui aurait été déplacée.

Une formule célèbre sur la calomnie dit qu'il en reste toujours quelque chose. Dans le cas présent, il semble que ce qui est resté est important et a complètement faussé l'évaluation des expériences sur la mémoire de l'eau. La revue *Nature* est à l'orthodoxie scientifique ce que la *Pravda* était à l'orthodoxie communiste. D'autres manifestations d'orthodoxie ont suivi. Dans une revue scientifique médicale, quelqu'un rendit compte de l'enquête de *Nature* de la façon suivante :

> « Oh, là, là, de quoi s'agit-il ? demandèrent le magicien, l'éditeur et le chasseur de fraude.
>
> — Juste une expérience toute simple, répondit le professeur.
>
> — Vous ne verrez donc pas d'inconvénient à ce que nous jetions un petit coup d'œil sur votre labo, n'est-ce pas, monsieur ?
>
> — Je vous en prie », dit l'homme de l'INSERM, avec un tantinet d'appréhension à l'idée de la dure épreuve que son laboratoire de Clamart allait subir.
>
> C'est ainsi que les trois visiteurs de la banlieue parisienne examinèrent l'eau magique, aveuglèrent les assistants à l'aide d'un code collé au plafond et dirent : « Maintenant, essayez. » Et il ne se produisit rien, ce qui n'avait rien de surprenant étant donné qu'il ne s'agissait que de basophiles dans de l'eau. La science orthodoxe poussa un soupir de soulagement. Le magicien lui aussi poussa un soupir, à propos de la fragilité des observations humaines. *Idem* pour le détecteur de fraude, bien qu'il n'en ait pas trouvé. *Idem* pour l'éditeur qui retourna à ses plaques tectoniques et ses trous noirs à son bureau d'Essex Street.
>
> « C'était beaucoup moins rigolo que les cuillers d'Uri Geller, dit le magicien sur le chemin de l'aéroport.
>
> — Si quelqu'un d'autre mentionne les rayons N de Blondlot... » soupira l'éditeur.

Le test des pouvoirs dégranulants d'anti-IgE infiniment dilué était censé se terminer au champagne mais il se termina le 8 juillet dans les larmes — Jacques Benveniste protestant avec vigueur contre l'irrationalité et la violence de ses inquisiteurs. Quand même, n'y aurait-il pas pu y avoir un *frisson* d'incertitude quand des dilutions qui avaient été mélangées au hasard furent lues la première fois par Dr Élisabeth Davenas et produisirent des vagues encore plus claires que celles rapportées dans *Nature* le 30 juin ?

Cet article, que j'ai intégralement traduit, a paru de façon anonyme sous le titre « Illusions à Clamart ». Ce chef-d'œuvre d'objectivité scientifique a été publié par *Lancet*, qui est le principal journal de recherche médicale britannique. Contrairement à ce que l'on pourrait penser, il ne s'agit pas d'un texte parmi d'autres dans une polémique sur la mémoire de l'eau. Si j'en crois le *Science Citation Index*, les lecteurs de *Lancet* n'auront eu jusqu'à présent que deux sources d'information sur cette question : un éditorial ironique intitulé « Amadeo Avogadro rencontre l'IgE » (paru juste après l'article du 30 juin 1988 de *Nature*) et l'article anonyme reproduit plus haut. On comprend mieux le refus de cette revue scientifique de publier la communication de Benveniste sur le sérum contaminé.

Comme exemple récent d'insinuation d'une entorse à l'éthique professionnelle, je citerai un article publié par la revue de vulgarisation scientifique *La Recherche* sous le titre « La mémoire de l'eau, l'éthique scientifique et le hasard ». En sous-titre, la revue écrivait : « En 1941, Erwin Heintz "démontrait" des phénomènes qui ressemblent à la "mémoire de l'eau". Mais en 1942, il a reconnu son erreur et publié un article de rétractation. » L'allusion à Benveniste et à l'honnêteté scientifique était assez transparente, mais pour que les lecteurs pressés ne s'y trompent pas, le nom de Benveniste apparaissait à trois reprises dans la première page de l'article.

En 1970, Heintz publiait un long article intitulé « Nouvelles expériences sur le mode d'action de dilutions successives ». Non seulement ce chercheur au CNRS n'avait pas abandonné ses recherches sur les hautes dilutions, mais il avait été un précurseur de Benveniste. Ainsi, l'honnête rétractation de Heintz vantée dans *La Recherche* pour faire honte à Benveniste pourrait avoir été un peu forcée.

Quand j'ai commencé à m'intéresser à la mémoire de l'eau, j'étais loin de me douter que j'allais moi-même être confronté au soupçon de fraude. Sans même prendre la peine de s'informer de la nature de ma participation aux expériences de transmission, participation qui n'avait été qu'occasionnelle, l'un des deux experts nommés par l'INSERM pour expertiser ces expériences a émis l'hypothèse que Benveniste aurait été la victime d'une fraude, fraude dont j'étais la source probable. Lors de sa visite officielle, Charpak avait déjà évoqué le spectre de la fraude, mais sur un mode badin. Il avait raconté un tour de passe-passe qui avait intrigué Joliot-Curie. Il avait ajouté que les scientifiques sont crédules et vulnérables à la mystification parce qu'ils ont l'habitude de théoriser. Ayant évoqué les faits dans la lettre reproduite à l'annexe 9, je me limiterai à deux remarques factuelles et un commentaire personnel.

Je note que l'expert n'a pas répondu à ma lettre et que, avant la formule de politesse, le dernier mot de celle qu'il a écrite à Benveniste est le mot « soupçon ». Si l'on accepte par avance l'échappatoire du soupçon de fraude, aucune expérience réalisée dans des conditions contradictoires ne pourra jamais convaincre. À mon avis, Benveniste aurait dû provoquer des contre-expertises en faisant faire une dizaine d'expériences par une dizaine de scientifiques extérieurs à son laboratoire puis en confiant sa machine à certains d'entre eux. Ligoté par l'INSERM, il a choisi une autre voie, dont je crains qu'elle n'aboutisse à une répétition du scénario joué en 1988 avec les représentants de *Nature*.

Sarcasmes et insultes en guise de raisonnement

Dans mon étude des écrits scientifiques sur la mémoire de l'eau, je me suis limité à ceux qui ont paru dans des revues répertoriées par le *Science Citation Index*. Dans ces écrits, j'ai trouvé 70 exemples d'expressions sarcastiques ou insultantes que l'on n'attendrait pas dans une publication de type professionnel. Pour donner au lecteur une idée de ces expressions, j'ai reproduit sous forme de tableau les titres qui m'ont paru inhabituels et la légende de trois dessins humoristiques

En 1991, des scientifiques ont organisé au Massachusetts Institute of Technology (MIT) une parodie de cérémonie de remise de prix Nobel dans laquelle ils ont ridiculisé des collègues, parmi lesquels se trouvait Benveniste. En lisant le compte-rendu de cette parodie, je me suis demandé qui mériterait le prix de Grand Inquisiteur scientifique. Le choix est difficile, tant sont nombreux les candidats méritants. Sans doute faudrait-il prévoir de partager le prix entre plusieurs ex aequo.

Dans mes propres écrits, y compris à l'instant, je ne me suis pas privé des richesses du langage. Mais je pense avoir utilisé l'humour et l'ironie pour illustrer une pensée rationnelle, pas pour la remplacer. Autrement dit, ce n'est pas tant l'usage de jeux de mots, de bandes dessinées ou même d'invectives que je souligne, mais le fait que ces formes de langage ont souvent été utilisées pour faire l'économie d'un vrai débat. La pauvreté intellectuelle des écrits recensés à l'annexe 10 apparaît bien dans la liste des objections théoriques faites à la mémoire de l'eau. C'est ce que nous allons voir maintenant.

La mémoire de l'eau :
un crime contre la Science trop énorme pour être décrit

Dans un roman humoristique, un auteur français met en scène les habitants de deux villages qui sont à couteaux tirés.

Exemples de dénigrement de la mémoire de l'eau

Titres d'articles

Études de cas d'une science pathologique
Une goutte de perlimpinpin
L'homéopathie : quand est-ce que sa théorie tiendra l'eau ?
La publication de résultats incroyables peut-elle servir la science ?
La médecine alternative, un cruel canular : la bourse et la vie ?
Perspective sur les publications de Jacques Benveniste : La rosée, enfin ? *
Amadeo Avogadro rencontre l'IgE
Illusions à Clamart
Quand croire l'incroyable ?
Quand faut-il publier de la pseudo-science ?
Les expériences de hautes dilutions sont une illusion
Vagues créées par les dilutions extrêmes
Seul reste le sourire
Benveniste aux abois
Le conte des molécules fantômes tire à sa fin
Le rapport de Paris des chasseurs de fantômes
La science, la science marginale et la pseudo-science
Quand l'eau fait frémir les scientifiques
Jacques Benveniste à l'assaut de l'Institut Pasteur
Les critiques de Benveniste sont diluées
Brève histoire d'une science douteuse
Croire à l'incroyable
Quand les canons de la science filent à la française **

Légende de dessins humoristiques

Bar de la faculté des Sciences : « C'est un Martini sec à la Benveniste. Il n'y a que la mémoire du vermouth. »

[À propos de la fermeture du laboratoire de Benveniste] : « C'est notre dernier souvenir [*memory*] du Dr Benveniste : ses larmes. »

[Affiche de cinéma] : « Ce soir Jacques Benveniste. En exclusivité. Suspense et mystère. 1e partie : Joe Baltos et son orchestre. »

* « *Dew process at last ?* » Jeu de mot intraduisible, en référence à l'expression « *Due process of law* », qui concerne le processus judiciaire.
** *Take French leave* : filer à l'anglaise.

À un citadin qui s'enquiert des causes de cette querelle, un villageois répond qu'il ne sait pas, mais que ça doit être très grave puisque, déjà du temps de son grand-père, les deux villages étaient ennemis. La quasi-totalité des objections théoriques à la mémoire de l'eau que j'ai collationnées semblent de la même espèce.

C'est ainsi qu'on parle de théorie bizarre, d'une forme d'énergie inconnue jusqu'ici en physique, de la logique des fous qui ont la tête dans les nuages, de théorie extraordinaire, de fidélité aux anciens paradigmes, de défi aux lois de la physique, d'hypothèse aussi inutile que fantaisiste, de résultats qui semblent insensés, de décourager les fantasmes, de fait incroyable, de la folie et de l'égocentrisme d'un homme qui se précipite pour publier un résultat si stupéfiant que s'il était vrai il révolutionnerait la physique et la médecine, de licorne dans un jardin *, d'explication que chérissent les théoriciens de l'homéopathie moderne, d'observations pour lesquelles il n'y a actuellement aucune base physique, d'absence d'explication objective, d'empreintes fantômes, d'observations qui porteraient un coup aux fondements de deux siècles d'observations et de mise en ordre rationnel des phénomènes physiques, d'observations qui exigeraient que soit rejetée une partie importante de notre héritage intellectuel, de phénomène incroyable, d'affirmation qui apparaît comme une aberration, de l'incrédulité respectueuse du lauréat du prix Nobel Jean-Marie Lehn, de notions alchimiques, du sens du mystère et même de mysticisme, de croire à l'incroyable, d'affirmations remarquables, du caractère extraordinaire des affirmations, d'une licorne dans un jardin, de l'absence de modèle susceptible de rendre compte des fluctuations rythmiques de la dégranulation, de données chimiques accumulées depuis deux siècles qui seraient erronées,

* Lorsqu'une expression figure plusieurs fois, c'est qu'elle apparaît dans des articles différents. L'énumération est extraite des articles collationnés à l'annexe 10. Elle est faite dans l'ordre des articles.

de la nécessité d'une pleine cuiller de sucre pour adoucir notre thé, d'explication plus facile à intégrer dans les paradigmes scientifiques actuels, de l'obligation de rejeter le nombre d'Avogadro, d'une formation scientifique suffisante pour reconnaître le non-sens, de ce qui peut se produire quand un biologiste connaît moins bien la théorie atomique et la structure de l'eau qu'un bon chimiste qui commence ses études à l'Université, de comptes-rendus sur les licornes qui doivent être vérifiés avec un soin particulier, du refus de croire qu'une molécule qui n'existe plus puisse laisser son empreinte sur l'eau, de l'eau qui se rappelle quelque chose dans certaines circonstances mais pas dans d'autres, d'affirmations extravagantes, de théories insensées, de données qui sont grossièrement en conflit avec des données anciennes qui, elles, sont bien documentées et faciles à reproduire, d'ébranlement des lois de la chimie qui donnerait raison aux homéopathes, d'une force que nous ne comprenons pas et qui serait à peu près aussi plausible qu'une intervention divine, de découvertes qui contredisent les lois physicochimiques connues de la science, des règles habituelles des interactions en biologie et en physicochimie où la molécule est le vecteur de base de l'information, de la gêne de voir mis en défaut des principes fondamentaux, de prendre le contre-pied de toutes les lois de la physicochimie et de la biologie, de résultats expérimentaux sans aucune explication physique qui pourraient encourager la pratique de l'homéopathie, de l'absence d'explication objective, d'empreintes fantomatiques, du fait que la théorie standard n'offre aucune explication pour un tel résultat...

Le moins qu'on puisse dire est que dans cette avalanche de déclarations publiées dans des revues scientifiques, l'argumentation technique semble un peu déficiente. Dans l'ensemble des publications que j'ai étudiées, je n'ai trouvé que deux références à une loi scientifique précise, à savoir la loi d'action de masse.

La loi d'action de masse régit les réactions chimiques qui

se produisent entre des corps en quantité pondérale. Évoquer cette loi pour rejeter la possibilité d'effets de hautes dilutions est aussi illogique que de rejeter les corrections à la loi des gaz parfaits qui, comme les autres lois scientifiques, n'est qu'une loi approximative. Même un principe aussi bien établi que la constance de la masse n'est qu'une approximation, qui cesse d'être valable quand la vitesse devient très élevée.

Deux auteurs invoquent un argument lié à l'idée de pureté de l'eau. L'un déclare : « Si l'eau a une "mémoire", comment peut-elle jamais être pure ? » L'autre précise l'argument en déclarant : « Il suffirait de boire de l'eau pure déionisée pour se guérir de toutes les maladies qui répondent à la thérapie chimique puisque tous les produits chimiques sont présents dans l'eau à dilution infinie. » Cet argument par l'absurde fait fi des conditions précises d'apparition d'une empreinte chimique et de sa conservation.

À mon avis, la seule question théorique pertinente aurait été la suivante : comment une structure des molécules d'eau peut-elle résister au chaos produit par l'agitation thermique puis imiter l'action des molécules qui ont provoqué cette structure ? Curieusement, cette question n'est pas posée, comme si les scientifiques craignaient un vrai débat.

Je précise pour terminer qu'il existe dans les publications scientifiques deux réponses possibles à la question de la stabilité d'une structure moléculaire face à l'agitation thermique. Comme je l'ai déjà signalé, une des réponses possibles est fournie par la théorie des domaines cohérents développée par des physiciens italiens. L'autre repose sur l'existence d'isotopes de l'hydrogène et de l'oxygène. Dans les deux cas, la théorie proposée permet d'envisager une solution à l'énigme d'une structure ordonnée des molécules d'eau qui résisterait à l'agitation thermique.

En complément à ce panorama des objections théoriques à la mémoire de l'eau que j'ai trouvées dans les articles énumérés à l'annexe 10, je voudrais signaler comment les choses se sont passées du point de vue de l'argumentation théorique lors de la visite à l'Unité 200 des commissaires de l'INSERM le 21 avril 1993. Comme je l'ai déjà signalé au chapitre 4 à propos du sérum contaminé, le directeur général avait interdit à Benveniste de faire venir un des auteurs de la théorie des domaines cohérents pour exposer le contexte théorique de la situation. C'est moi qui ai dû m'efforcer de faire tant bien que mal cet exposé. J'ai donc rédigé un texte qui fut envoyé aux commissaires avant leur visite et j'ai fait un exposé oral le matin du 21 avril. En réponse à cet exposé, certainement très imparfait, Georges Charpak déclara qu'il avait parlé avec Pierre-Gilles de Gennes (un autre lauréat du prix Nobel de physique) qui lui a dit que, d'après Nozières (un professeur au Collège de France), la théorie des domaines cohérents ne valait rien. Face à un argument d'autorité aussi irréfutable, je n'ai rien répondu.

Pour conclure ces considérations sur les objections théoriques à la mémoire de l'eau, j'insiste sur le fait que l'essentiel n'est pas que des pistes pour des réponses éventuelles à ces objections aient déjà été publiées. Ce que j'ai souligné à propos des articles scientifiques qui font référence à l'article de *Nature* sur les basophiles est l'absence de questions pertinentes, questions qui sont un préalable à la recherche de réponses. Là, comme dans les autres comportements que j'ai décrits, l'attitude des chercheurs dans l'affaire de la mémoire de l'eau révèle un blocage par rapport à certaines questions. Dans le dernier chapitre, nous essaierons de comprendre l'origine de ce blocage.

Chapitre 8

Regard psychologique sur le refoulement scientifique

Nous avons vu comment les rapports de force, voire l'abus de pouvoir, pouvaient favoriser l'étouffement d'informations scientifiques jugées dérangeantes. Dérangeantes pour qui et pourquoi ? L'explication purement sociologique me semble un peu courte, même si je pense qu'elle contient une part importante de vérité.

J'attache beaucoup d'importance aux facteurs psychologiques. À mon avis, eux seuls permettent de donner un sens à ce qui autrement apparaîtrait comme une histoire de fous. J'ai aussi une raison plus morale ou, si l'on veut, plus politique d'accorder de l'importance à ces facteurs. La prise en compte des facteurs individuels permet de se libérer du fatalisme sociologique auquel nous succombons si facilement. Je pense que nous avons plus de marge de liberté qu'on essaie de nous le faire croire. Du moins, c'est dans ce sens que j'essaie d'agir.

Du point de vue sociologique, par exemple, on peut envisager le cloisonnement des disciplines comme la manifestation des luttes de pouvoir entre « chefs » et entre groupes. Mais je crois que ce cloisonnement a aussi un sens pour chacun des individus concernés, en particulier parce qu'il le sécurise face à l'incertitude de nos savoirs.

Les réactions de rejet de la plupart des scientifiques vis-à-vis de la mémoire de l'eau me semblent trop viscérales, trop instinctives, pour ne relever que de facteurs sociologiques. Elles ont également un sens psychologique. Je crois que c'est aussi en tant que personnes que les chercheurs se sentent menacés. Mais de quoi ont-ils si peur pour diaboliser ainsi les recherches sur la mémoire de l'eau ? Qu'est-ce qui fait qu'en plein Conseil scientifique de l'INSERM on puisse parler de « magie noire » à propos des travaux du groupe de Benveniste sans avoir à craindre le ridicule ? Il est clair que, là, nous ne sommes plus sur le terrain sécurisant des « faits », comme dans les chapitres précédents, mais dans celui des interprétations, que chacun est libre d'accepter ou de refuser.

La conformité de certains chercheurs relève parfois du souci de ne pas compromettre leur carrière mais cette explication me semble insuffisante. Du point de vue purement social, quelques-uns des opposants les plus farouches n'avaient rien à perdre ni à gagner tant leur position institutionnelle était déjà solide. À mon avis, c'est l'identité même du chercheur, son système de croyances et son système de valeurs qui sont menacés ou qu'il croit menacés.

Chacun d'entre nous se défend comme il peut contre l'angoisse existentielle. L'appartenance à un groupe, avec ses valeurs, ses normes, ses rites et ses certitudes nous sécurise. Cette appartenance nous aide à construire notre identité. Du point de vue psychologique, ce qui distingue une secte d'un autre groupe social est le caractère radical, quasiment métaphysique, de la coupure avec les autres. Pour la personne qui appartient à une secte, le monde des humains est divisé en deux catégories bien distinctes : il y a « nous », qui connaissons la vérité, et « eux », qui ne veulent ou ne peuvent la connaître. De ce point de vue psychologique, les scientifiques me semblent constituer une secte, tout comme les membres d'un parti doctrinaire.

La connotation religieuse du mot secte peut paraître déplacée quand il s'agit de gens qui rejettent avec véhémence l'idée de croyance. C'est précisément l'illusion de ne pas avoir de croyances qui fonde l'Église scientifique, illusion qui commence à être remise en question. Comme d'autres Églises avant elle, l'Église scientifique est actuellement interpellée de l'intérieur.

La réflexion contemporaine sur la démarche scientifique met en cause un certain nombre d'illusions sur la science, à la fois en tant qu'idéologie dominante et en tant que pratique sociale. En particulier, certains sociologues de la science prétendent que, contrairement à ce qu'ils croient, les scientifiques sont bien semblables aux autres humains : comme le commun des mortels, le scientifique est guidé dans sa pratique professionnelle par un système de croyances.

J'ai signalé la réaction d'un éminent astrophysicien qui, à propos des analyses sociologiques de la science, parle d'une « conception hitlérienne de la science ». Par son outrance, cette réaction me semble indiquer que quelque chose de très profond qui concerne la personne a été touché. Sans être aussi caricaturales, de nombreuses réactions à ce qui est vécu comme « une menace contre la science » révèlent que les enjeux ne sont pas seulement intellectuels ou institutionnels.

Au moment où les autres systèmes de repère (en particulier religieux et politiques) ne jouent plus leur rôle, la Science apparaît comme le repère ultime. Si les chercheurs sont les prêtres de la religion scientifique, nous faisons tous plus ou moins partie de la communauté des croyants.

Puisque je parle de système de croyances, j'aimerais préciser un élément de mon propre système de croyances. Je crois que, dans nos efforts pour connaître le monde, nous sommes constamment confrontés au conflit entre le besoin de certitude et le besoin de pertinence. Le biologiste Jacques Ninio a exprimé ce conflit à l'aide d'une métaphore, en parlant de la science normale comme d'une coquille vide :

> En pratique, se pose souvent le choix stratégique suivant : ou bien produire des données intéressantes mais sujettes à contestation ; ou bien produire des résultats d'une solidité à toute épreuve mais dénués de signification. La coquille est

bien la partie la plus dure de l'œuf, mais que vaut une biologie de la coquille vide ? Comme le « sens » des résultats échappe aux gestionnaires de la recherche, c'est hélas la deuxième stratégie qui a tendance à s'imposer, de sorte que la rigueur se transforme en imposture.

Ce conflit est présent dans tout questionnement. En particulier, nous devons choisir quelle importance nous donnons aux questions de sens, qu'on ne peut aborder qu'en renonçant à la quête de certitude. Ce que l'on gagne d'un côté en pertinence, on le perd en certitude, et réciproquement. À ce propos, je me rallie au point de vue d'un auteur qui, au début d'un ouvrage sur le biomagnétisme, déclare que l'acceptation de l'incertitude fait partie du passage de l'enfance à l'état d'adulte. De ce point de vue, les scientifiques sont restés étonnamment jeunes.

Conformisme et autocensure

La police de l'esprit la plus efficace est celle que l'on exerce soi-même sur sa propre intelligence. Je n'adhère pas à une vision purement sociologique du conformisme des chercheurs d'après laquelle ils ne seraient motivés que par la crainte de sanctions ou par le désir de gravir un échelon dans leur carrière. Je pense que, dans beaucoup de cas, le ressort du conformisme est plus psychologique qu'économique ou sociologique. À mon avis, ce n'est pas seulement la crainte du blocage de leur carrière qui a empêché des milliers de physiciens, de chimistes et de biologistes de s'informer sur la mémoire de l'eau. Je pense qu'ils redoutaient surtout d'être en butte aux sarcasmes de leurs collègues et de se sentir exclus de la « communauté scientifique ». La plupart des chercheurs craignent de s'éloigner du giron de la communauté scientifique, ne serait-ce que l'espace d'un instant.

Dans le cadre de mon enquête, j'ai observé de nombreux

exemples de cette crainte. C'est ainsi que des scientifiques qui avaient personnellement observé des effets de hautes dilutions, et ceci, indépendamment de Benveniste et de son groupe, ont préféré ne pas en faire état publiquement.

Dans un cas, il s'agissait d'un article dans lequel un auteur rapportait des effets biologiques au-delà des dilutions habituelles. Sommé de retirer cette observation de son article, l'auteur a obtempéré sans chercher à la publier ailleurs par la suite. Le deuxième cas est celui d'un chercheur au CNRS qui a travaillé pendant un certain temps dans le laboratoire d'une firme pharmaceutique. Dans ce laboratoire, le chercheur a étudié pendant deux ans des effets de hautes dilutions. Lié par le secret industriel, il n'a pas pu en faire état. Une fois revenu au CNRS, il n'a pas voulu reprendre à son compte des expériences qui, d'après lui, montraient sans ambiguïté l'effet de hautes dilutions. Dans les deux cas que j'évoque, cette autocensure m'a été décrite spontanément par le chercheur lui-même, en présence de plusieurs témoins.

Comme autre exemple de la crainte du qu'en-dira-t-on, je peux citer le cas d'un directeur de laboratoire qui était partagé entre la curiosité scientifique et cette crainte. Ce chercheur avait accueilli quelques essais de transmission dans son laboratoire. Au dernier moment, la date d'un de ces essais a dû être modifiée. À cause de ce changement, le jour où je suis venu avec deux autres personnes a coïncidé avec celui d'une thèse à laquelle assistaient des chercheurs extérieurs au laboratoire qui nous accueillait. Quelle ne fut pas ma surprise d'entendre à propos de ce contretemps : « Si on vous interroge, ne dites pas que vous travaillez avec Benveniste, dites que vous travaillez avec moi. »

La crainte de se compromettre avec une hérésie scientifique m'est apparue encore plus extrême dans d'autres occasions, également liées à des expériences de transmission. C'est ainsi qu'un biologiste ayant des responsabilités institutionnelles importantes avait été averti par Benveniste d'essais que je devais faire dans un laboratoire proche du sien. Ce biologiste avait promis d'assister à ces essais. Il est effectivement venu me voir mais il n'est resté que deux minutes. Alors qu'il avait là une occasion de se renseigner directement sur les expériences de transmission, et ceci sans témoins susceptibles de porter un regard critique sur sa curiosité, il n'est passé qu'en coup de vent parce que, disait-il, il était « pressé ».

Le matin du 13 mai 1993, j'ai géré des expériences publiques de transmission à l'hôpital Cochin. À cette occasion, Benveniste avait prévenu de nombreux chercheurs en les invitant à y assister. Peu sont venus. J'avais moi-même invité un physicien de ma promotion de l'École de Physique et Chimie mais il ne m'a pas répondu. Comme je l'ai déjà dit, l'expert désigné par l'INSERM n'est pas venu et s'est fait représenter. Malgré mon insistance, ses représentants ont refusé de jouer le jeu et de réaliser eux-mêmes une des séquences de transmission et de codage. J'ai par ailleurs noté que, en dehors de chercheurs du laboratoire de Benveniste, aucun des rares chercheurs présents n'a assisté à l'ensemble des expériences. La seule personne extérieure au laboratoire de Benveniste qui ait assisté aux quatre expériences de transmission était un ingénieur. Contrairement aux chercheurs, il a passé toute la matinée à observer soigneusement ce qui se passait. Il est difficile de savoir dans quelle mesure la réserve des chercheurs correspondait à une crainte de trop se compromettre et dans quelle mesure il s'agissait d'une crainte de voir ébranlé son système de croyances.

Peu après ces expériences publiques, je me trouvais dans une salle de travaux pratiques de l'École de Physique et Chimie de Paris, dans laquelle Benveniste faisait quelques essais d'expériences de transmission. Le scientifique auquel j'ai déjà fait allusion, qui était chargé avec un éminent physicien d'expertiser ces expériences, se trouvait dans son bureau à quelques mètres de nous. Il avait là une occasion idéale de regarder de près ces expériences qu'il attribuait à la fraude, tout en procédant de façon informelle. En fait, c'est sa secrétaire qui est venue nous voir, en demandant si nous n'avions besoin de rien. Face à cette dérobade de son patron, Benveniste n'a pu s'empêcher de dire à la secrétaire qu'il faudrait bientôt désinfecter la salle de travaux pratiques pour éliminer les odeurs de soufre qui ne manqueraient pas de s'y manifester.

Pour briser la conspiration du silence autour des expériences de transmission, Benveniste projetait de proposer ces expériences à un certain nombre de collègues. C'est dans cet esprit que j'écrivis à un physicien qui avait pris des positions hostiles à la mémoire de l'eau. Au protocole d'une d'expérience de transmission, je joignis un défi amical de réaliser lui-même une expérience de transmission en aveugle. Alors que nous nous connaissions depuis plus de vingt ans, ce collègue n'a pas répondu à mon défi.

Ce qui, à mon avis, donne tout son sens à la frilosité scientifique que je viens d'évoquer est que, dans presque tous les cas, il s'agissait de chercheurs solidement installés. Je pense que les comportements d'évitement des scientifiques par rapport à des observations ou à des théories peu orthodoxes relèvent plus de l'autocensure et de l'aliénation que de la censure proprement dite. Il n'y a pire censure que celle que l'on a intériorisée.

La religion de l'objectivité

La religion de l'objectivité a un *credo* unique : il serait possible de connaître le monde d'une façon qui ne dépendrait en rien de la personne qui connaît. Pour ceux qui espèrent ainsi en une connaissance objective, la méthode scientifique apparaît comme une voie royale. C'est ainsi qu'un des maîtres à penser du positivisme scientifique, le philosophe Karl Popper, parle d'une « connaissance sans sujet connaissant ». D'après cette vision poppérienne, il existerait quelque part, dans le panthéon éthéré des scientifiques, des connaissances, des vérités qu'il n'y aurait qu'à photographier, à travers l'objectif des méthodes scientifiques.

Pour moi, la connaissance scientifique repose sur la rencontre entre des phénomènes naturels existant en dehors de nous et nous-mêmes, en tant que sujets connaissants. La naïveté des scientifiques par rapport à leur propre subjectivité m'apparaît extrême et je crois qu'elle est un obstacle important à la connaissance scientifique. Dans le discours de la plupart des chercheurs, la subjectivité qui fait obstacle à la connaissance scientifique est celle des autres, jamais la leur. Cette naïveté m'a paru flagrante dans le cas des détracteurs de la mémoire de l'eau.

Dans l'article de *Nature* qui prétendait clore le débat, Maddox faisait allusion au « vrai esprit poppérien ». D'après le philosophe Karl Popper, le vrai scientifique serait celui qui chercherait à mettre en défaut sa propre hypothèse. Luttant contre ses propres convictions, ce chercheur idéal essaierait de les mettre à mal à partir de ses observations. C'est seulement quand son hypothèse aurait ainsi résisté à ses propres assauts que le chercheur lui accorderait le statut de théorie scientifique, tout en étant prêt à la remettre en cause à tout instant. Je pense avoir montré que le rédacteur en chef de *Nature* n'a pas fourni un modèle très convaincant d'une attitude psychologique aussi angélique.

Le comportement de Henry Metzger dans l'affaire des hautes dilutions me semble lui aussi relever de la croyance naïve en l'objectivité. Le simulacre de reproduction réalisé par un chercheur compétent me semble difficile à comprendre sans faire appel à l'idée d'aveuglement. Dans le compte-rendu de son expérience, il évoque en toute bonne foi « un principe fondamental de l'objectivité ». D'après ce principe, lui-même serait qualifié pour juger d'une expérience sur les basophiles, mais pas ceux qui avaient reproduit ces expériences en Italie et en Israël et qui étaient cosignataires de l'article de Davenas *et al.* qu'il critiquait. Je vois là un bel exemple de la naïveté d'un chercheur qui, en toute innocence, proclame : « L'objectivité, c'est moi. »

Pour qu'on ne croie pas que les Anglo-Saxons ont le monopole de la naïveté scientifique, j'évoquerai brièvement le comportement d'un chercheur français. Celui-ci expliqua à Benveniste que la question des transmissions était facile à trancher. Plutôt que de faire des expériences publiques, il suffirait de lui remettre la machine de transmission (« yaka »). Lui-même et son éminent collègue, monsieur le professeur Untel, la feraient marcher, hors de notre présence bien entendu *. Tous les scientifiques sont objectifs, mais certains sont plus objectifs que d'autres.

Le mythe de l'objectivité scientifique peut être envisagé à partir de multiples points de vue : historique, épistémologique et psychologique. Du point de vue historique, j'imagine que ce culte rendu à la Déesse Raison est lié à la lutte contre l'Église catholique, ce qui expliquerait que la France soit un des pays où l'intégrisme scientifique sévit de la manière la plus forte. Par intégrisme scientifique, j'entends le rationalisme militant qui est à la pointe du combat contre la mémoire de l'eau et autres illusions de l'obscurantisme populaire. Il peut sembler paradoxal que ce soit dans la patrie du rationalisme militant que la pratique de l'homéopathie soit la plus répandue. Je pense que ce paradoxe n'est qu'apparent. Les médecines dites alternatives se sont développées en réponse à la rigidité et aux excès d'une médecine de garagiste. Dans la mesure où elles ne sont que réactionnelles, de telles pratiques peuvent aussi avoir leurs dogmes et leurs excès.

Du point de vue de la connaissance, le positivisme scientifique conduit à refouler toute information qui provient de notre perception globale et intuitive ou de notre affectivité. Si je me suis intéressé à la mémoire de l'eau, c'est parce que je me suis autorisé à faire appel à d'autres canaux d'information

---

* À propos du caractère contradictoire des contrôles scientifiques, voir la procédure de codage exposée à l'annexe 3.

que la stricte logique analytique. Très tôt, j'ai eu l'intuition que l'establishment scientifique déraillait. Je me suis même autorisé à ne pas refouler certains sentiments, tels que l'indignation. Comme je l'ai dit dans l'introduction, c'est la connaissance que je m'efforce d'avoir de ma propre subjectivité qui, à tort ou à raison, m'amène à penser que, dans l'affaire de la mémoire de l'eau, j'ai été moins aveugle que la plupart de mes collègues. Je crois que, du point de vue épistémologique, l'injonction de Socrate de se connaître soi-même reste valable même quand il s'agit d'étudier le comportement de molécules d'eau.

Du point de vue psychologique, la recherche éperdue de l'objectivité est le résultat d'une fuite devant tout ce qui pourrait nous renvoyer à nous-mêmes. Je ne suis pas seul à porter ce type de regard sur l'objectivité scientifique. C'est ainsi que, dans un essai sur le cartésianisme, une féministe américaine parle de « fuite dans l'objectivité ». Quant à Devereux, qui était à la fois ethnologue et psychanalyste, il a publié un livre intitulé *De l'angoisse à la méthode dans les sciences du comportement*. Comme je pense l'avoir montré dans les chapitres précédents, ce n'est pas seulement dans les sciences du comportement qu'une utilisation rigide de la méthode scientifique conduit à la méconnaissance.

J'en viens à croire que, si mes collègues sont devenus scientifiques, c'est parce qu'ils ont fait à l'adolescence le même choix que moi : refouler ce qui concerne la personne. Dans cette optique, la démarche d'objectivation ne serait pas seulement une démarche de connaissance. Elle serait aussi l'alibi du « je ne veux pas le savoir » que nous opposons tous à ce qui nous dérange. Dans l'affaire de la mémoire de l'eau, le principe d'objectivité invoqué par Metzger et par d'autres n'a pas seulement joué un rôle de mystification vis-à-vis des profanes. Je pense que les chercheurs se sont mystifiés eux-mêmes. La religion de l'objectivité n'est pas seulement l'opium du peuple, elle est aussi celui des chercheurs.

La foi en l'intelligibilité et la régularité des phénomènes

L'intelligibilité et la régularité des phénomènes naturels n'est pas seulement un article de foi du catéchisme scientifique. Ces deux propriétés font aussi partie de notre rapport intuitif au monde. Dès son plus jeune âge, l'enfant constate que, chaque fois qu'il lâche sa cuiller, celle-ci tombe vers le sol avec une régularité jamais mise en défaut. Sans l'avoir encore conceptualisée, il adhère à l'idée que les mêmes causes produisent les mêmes effets. D'innombrables expériences vécues nous ont ainsi conduits à croire à la fois à la régularité des phénomènes naturels et à notre capacité à les appréhender. Tout ce qui paraît aller à l'encontre de la vision d'un monde bien réglé nous insécurise. Qu'on pense seulement aux sentiments que provoquent des perturbations même mineures de cette régularité, par exemple des fluctuations météorologiques (« Il n'y a plus de saisons ! »).

Je crois que ce qui distingue les scientifiques des autres, ce ne sont pas ces processus mentaux eux-mêmes, que j'imagine universels dans notre culture, mais la rigidité avec laquelle ils fonctionnent chez les scientifiques. Dans la vie courante, nous sommes constamment confrontés à des événements dont la cohérence nous échappe et nous nous en accommodons. C'est ainsi, par exemple, que l'imprimante de mon traitement de texte me semble parfois avoir un comportement fantaisiste. N'ayant pas choisi comme thème de recherche le fonctionnement des imprimantes, je peux supporter de ne pas savoir dans quelle mesure ce manque de reproductibilité tient à mon propre comportement (par exemple à la façon dont je place les rames de papier) et dans quelle mesure il s'agit d'une variabilité mécanique inhérente à un appareil usagé.

Dans son domaine de recherche, le scientifique n'accepte pas le flou, l'incertitude. Il déteste les questions vagues, que dans son jargon il qualifie volontiers de métaphysiques. Je pense que le besoin d'une régularité sécurisante et l'angoisse que provoque le caractère imprévisible des comportements humains éloignent la plupart des chercheurs de ce qui est humain. Quand ils choisissent d'étudier l'humain, les scientifiques s'empressent de le déshumaniser, au moyen de tests et d'autres méthodes pour « contrôler » le désordre insupportable de la vie et pour y introduire de l'ordre.

Le refus du scientifique d'accepter de ne pas comprendre a été un puissant moteur de découverte. Alors que le commun des mortels se serait contenté d'une connaissance approximative et n'aurait pas été perturbé par de petites anomalies, lui trouve ces anomalies insupportables. Ceci lui a souvent permis de faire progresser sa compréhension des phénomènes naturels. Le revers de la médaille est que, si l'anomalie résiste trop à ses tentatives d'explication, il aura tendance à la rejeter hors de son champ de conscience.

Dans le premier chapitre, j'ai cité quelques questions dérangeantes qui mettent en cause la cohérence des théories scientifiques et leur pouvoir explicatif. À toutes ces questions, les scientifiques ont tendance à faire la sourde oreille, jusqu'à ce qu'une réponse satisfaisante soit en vue. Pour l'instant, les questions relatives à la mémoire de l'eau apparaissent à la plupart des chercheurs comme faisant partie de la catégorie des questions qu'il serait préférable de ne pas poser.

J'ai souligné l'incapacité du rédacteur en chef de *Nature* à concevoir qu'un manque de reproductibilité ne soit pas forcément le signe d'une erreur expérimentale. En réalité, même les biologistes les plus orthodoxes acceptent que les cellules aient des comportement erratiques : « C'est la vie. » Simplement, s'ils ne supportent pas cette variabilité et les incertitudes qu'elle entraîne, ils choisissent de travailler dans un domaine plus sécurisant tel que la biologie moléculaire. Les scientifiques ont des fantasmes d'uniforme et ils rêvent d'un monde qu'ils maîtriseraient parfaitement. Un de leurs maîtres mots est celui de « contrôle ». En politique, un besoin d'ordre trop impérieux tue la démocratie. En science, il tue la recherche.

Le refus de prendre en compte ce qui pourrait menacer sa vision d'un monde parfaitement ordonné conduit le scientifique à déclarer : « Je ne comprends pas, donc c'est impossible. » Cette rigidité mentale qui apparaîtrait au vulgaire comme antiscientifique a joué un rôle important dans les réactions de rejet des chercheurs vis-à-vis des travaux sur la mémoire de l'eau.

Hors de la Science officielle, point de Vérité !

En tant que chercheur, j'étudie depuis longtemps les circonstances qui font obstacle à la communication scientifique. L'affaire de la mémoire de l'eau met en évidence un des obstacles les plus difficiles à surmonter dans cette communication : celui qui est lié à ce que j'ai appelé la règle d'or des chercheurs. Cette règle d'or implique une barrière étanche entre l'intérieur et l'extérieur de la communauté scientifique quand il s'agit de distinguer le « vrai » du « faux ».

Tout comme les phénomènes de censure que j'ai décrits, les attitudes psychologiques qui favorisent ou créent ces censures ne sont pas spécifiques à l'affaire de la mémoire de l'eau. Qu'il s'agisse de l'angoisse d'être coupé de la communauté des croyants, de l'idéal d'objectivité, de celui de reproductibilité des phénomènes ou de leur intelligibilité, ces attitudes peuvent être observées à l'occasion d'autres conflits scientifiques. Je pense toutefois que la violence des réactions aux recherches sur la mémoire de l'eau et le désarroi que révèle cette violence ont quelque chose de relativement spécifique aux affaires de ce type. Celles-ci mettent en conflit un certain consensus scientifique avec une partie de l'opinion publique.

Quand un savoir s'est développé contre l'opinion des chercheurs, tout en ayant recueilli l'adhésion de profanes, le domaine correspondant à ce savoir est entaché de stigmates qui rendent son étude scientifique presque impossible. Tout chercheur s'intéressant à ce domaine pestiféré devient lui-même pestiféré. En termes psychosociologiques, on dit que le chercheur subit une « perte de crédibilité ». Cette perte de crédibilité n'a pratiquement rien à voir avec la qualité des méthodes employées. Quelle que soit la scientificité de vos méthodes, le fait de vous intéresser à une question discréditée par l'intérêt que lui portent certains profanes suffit à vous discréditer vous-même.

Les déboires du physicien Yves Rocard illustrent mon propos. Après une carrière scientifique traditionnelle qui l'a mené de la mise au point de la bombe nucléaire française à la direction de l'École normale supérieure, il s'est mis en tête d'étudier la sensibilité du corps humain aux champs magnétiques pour essayer de tirer au clair la pratique des sourciers. Cette curiosité lui a valu d'être excommunié. Il n'y avait pourtant pas de quoi fouetter un chat puisqu'il interprétait ses observations d'une façon parfaitement orthodoxe. Rocard attribuait la sensibilité qu'il étudiait à une cause tout à fait naturelle et physique : de petits cristaux de magnétites.

Dans les ouvrages qu'Yves Rocard a écrits (pour le public puisque ses collègues se voulaient à la fois sourds et aveugles), il décrit la censure scientifique dont il a été victime. Si vous êtes chercheur et que vous étudiez la façon dont certains animaux s'orientent ou communiquent, par ultrasons ou par tout autre mécanisme physique, vous faites de la science. Si vous cherchez à mettre en œuvre la même démarche, mais à propos des humains, vous entrez dans le domaine de la superstition, du mysticisme ou de la fraude. Autrement dit, ce ne sont pas seulement les réponses qui sont rejetées mais les questions elles-mêmes.

À titre d'exemple de la violence des sentiments provoqués par la mémoire de l'eau chez certains scientifiques, je pense à l'entretien que j'ai eu avec un ancien physicien devenu biologiste. Je lui avais envoyé le manuscrit de mon livre précédent. Sur les 160 pages que comporte ce livre, dix seulement concernent la mémoire de l'eau. Pendant deux heures, avec une violence que je ne lui connaissais pas, mon interlocuteur m'a entretenu de l'absurdité d'expériences sur les hautes dilutions et de ce qu'il « suffirait » de faire pour les démasquer. J'ai été d'autant plus surpris de la véhémence de ce chercheur que, lors d'une rencontre précédente, il m'était apparu comme ouvert aux recherches originales. Il m'avait parlé de ses idées à propos d'une méthode peu orthodoxe qu'il envisageait d'essayer pour étudier le mécanisme des rêves.

Je crois que la spécificité du malaise des scientifiques face aux recherches sur la mémoire de l'eau nous est indiquée par l'un de ceux qui s'est exprimé publiquement sur ces recherches. Au colloque du Mans de 1990 *, un physicien a ironisé sur l'engouement du public pour la mémoire de l'eau. Il a souligné le caractère archaïque de nos réactions face à l'eau. Je pense que ce physicien avait raison quand il faisait remarquer que l'opinion publique ne se serait pas passionnée pour une recherche sur la mémoire du métacrylate de benzoïle. Mais je pense que, dans l'affaire de la mémoire de l'eau comme dans quelques autres affaires concernant la vie, c'est l'opinion publique qui a eu raison, même d'un strict point de vue scientifique : l'eau n'est pas un corps chimique comme les autres.

Le bon peuple ignore les propriétés anormales de l'eau, il ignore que ces propriétés anormales conditionnent son rôle biologique, il ignore la proportion d'eau dans une cellule vivante et il ignore les problèmes que pose la communication moléculaire dans une cellule gorgée d'eau. Le bon peuple ne sait rien des expériences sur l'effet d'un champ magnétique oscillant sur certains processus cellulaires et il se moque bien des états d'âme provoqués par la théorie des domaines cohérents chez certains scientifiques. Mais ce bon peuple ignorant sait que l'eau joue un rôle capital dans la vie.

Je pense que le désarroi des chercheurs face à la mémoire

---

* « Science et Philosophie, pour quoi faire ? »

de l'eau dépasse celui qui accompagne toute menace de déstabilisation théorique. La science en a vu d'autres. Quand certains chercheurs crient au scandale en prétendant que la physique, la chimie ou la biologie vacilleraient sur le socle de deux ou trois siècles de science, je crois qu'il s'agit en fait d'autre chose. Si les scientifiques ont fait preuve de la violence verbale et institutionnelle que j'ai décrite dans les chapitres précédents, c'est que la mémoire de l'eau est pour eux un chiffon rouge. Ce chiffon rouge met en cause leur propre rapport au savoir et en particulier le monopole qu'ils s'arrogent de dire le vrai et le faux à propos des phénomènes naturels, y compris ceux qui concernent directement les humains.

Bien qu'ils soient tout à fait importants, les enjeux proprement scientifiques de la mémoire de l'eau ne justifient pas les références alarmistes au chaos scientifique que ces recherches entraîneraient si on les prenait au sérieux. L'affaire de la mémoire de l'eau interpelle de façon forte ce que j'ai appelé la règle d'or des chercheurs. C'est l'identité sociale du chercheur qui est en cause et pas seulement telle ou telle théorie scientifique. Après une inévitable période de désarroi, la plupart des scientifiques s'accommoderaient d'un changement conceptuel, si radical soit-il. Ce qui leur est insupportable est l'idée qu'il faudrait éventuellement réévaluer leur place dans la société.

Imaginons un instant que Benveniste ait raison et que, pour l'essentiel, les différents travaux publiés jusqu'ici par son laboratoire et par d'autres chercheurs s'avèrent conformes à la « réalité » des phénomènes. La révolution ne serait pas seulement scientifique, elle serait aussi d'ordre culturel. Ainsi, le bon peuple et les médecins généralistes qui s'adonnent à la pratique de l'homéopathie auraient vu juste à propos de la possibilité d'une action biologique des hautes dilutions. Ils auraient même eu raison à propos de cette agitation des solutions, agitation à laquelle on a donné le nom de « dynamisation ». Des profanes extérieurs à la Science auraient eu raison avant elle et contre elle. Des recettes de bonnes femmes, des pratiques obscurantistes condamnées par les plus hautes autorités scientifiques pourraient contenir une parcelle de vérité. Quelle horreur ! Cette perspective n'a pas seulement de quoi faire frémir les intégristes de la science. Elle entraîne un malaise dans l'ensemble de la communauté des croyants.

Un rapport au savoir étriqué et dominateur

Chaque groupe humain voit midi à l'heure de son clocher. Dans le jargon propre à leur tribu, les ethnologues parlent d'ethnocentrisme. Cette idée est en fait très ancienne. C'est ainsi qu'une parabole chinoise plusieurs fois millénaire évoque le ciel de la grenouille : n'ayant jamais quitté le fond de son puits, la grenouille croit que le ciel se limite au rond qu'elle voit à travers la margelle. Elle ne soupçonne même pas que l'Univers puisse exister en dehors de ce qu'elle perçoit.

À une époque où des satellites militaires ont permis pendant la guerre du Golfe de voir chaque buisson de Bagdad, nous croyons avoir une vision globale du monde. Cette croyance est particulièrement répandue chez les chercheurs. Malgré les millions de livres auxquels ils ont accès et qu'ils pourront bientôt consulter depuis leur bureau, la plupart d'entre eux n'ont jamais quitté le puits de leur science. Certains ont beaucoup voyagé, pour consulter des ouvrages à Harvard ou pour étudier la flore d'une forêt africaine, mais partout ils ont transporté la lorgnette de leur savoir. S'imaginant détenir les clés de la connaissance, les chercheurs universitaires sont souvent incapables d'apprendre des autres humains. S'il s'avère que mon livre contribue à la connaissance, j'en serai redevable à différents groupes qui, hors du sérail, m'ont appris à réfléchir sur mon rapport au savoir, et par là même à le modifier.

La façon dont le monde occidental a réagi à l'acupuncture

illustre le caractère étriqué et dominateur de notre rapport au savoir. Avec plusieurs millénaires de retard, les scientifiques ont redécouvert les points d'acupuncture en mesurant la résistivité de la peau. Ils ne se sont toutefois pas posé la question de savoir comment des gens dépourvus d'appareils et de méthodes scientifiques s'y étaient pris pour acquérir une connaissance aussi précise du corps humain. Ils ont ainsi évité de se demander ce qu'ils pourraient apprendre de ces gens-là.

Il existe d'autres exemples de la tendance des experts à s'approprier des savoirs venus d'ailleurs en en pervertissant le sens. Le cas de l'écologie est bien connu. Celui de l'avortement par la technique d'aspiration l'est moins. Contrairement à ce que l'on croit généralement, Karman n'était pas médecin mais psychologue. Voulant contribuer à démédicaliser l'avortement, il importa de Chine populaire la technique d'aspiration. L'objectif principal de cette méthode est de rendre inutile l'anesthésie. Ayant perdu la bataille de l'avortement, l'institution médicale s'est empressée de le remédicaliser par le biais de l'anesthésie.

Le rapport au savoir aveugle et dominateur a des conséquences sociales importantes. De ce point de vue, l'attitude des scientifiques à propos de la mémoire de l'eau n'est pas spécifique à cette affaire. Dans ce cas comme dans d'autres, la question première n'est pas de savoir qui a raison et qui a tort mais de savoir si nous acceptons que des gens qui ont une certaine vision du monde l'imposent à tous les autres par la force des usages et des lois.

Conclusion

Dogmatisme et absence de liberté intellectuelle sont les deux mamelles de la science officielle. J'ai écrit ce livre, non pas comme une apologie des dilutions homéopathiques ou de la mémoire de l'eau, mais pour tenter une percée dans le mur du dogmatisme scientifique. Je ne prétends pas avoir fait le tour des questions abordées mais l'information sur ces questions est si déficiente que j'ai ressenti une certaine urgence.

L'un des aspects les plus intéressants de l'affaire de la mémoire de l'eau est qu'elle permet de mettre en évidence le blocage de la connaissance scientifique qui résulte du quadrillage disciplinaire de cette connaissance. Sans être moi-même spécialiste des champs scientifiques interpellés par l'affaire des hautes dilutions, j'ai tenté de présenter une vision d'ensemble de cette affaire. En particulier, j'ai voulu illustrer à quel point les facteurs techniques et les facteurs humains sont inextricablement imbriqués. Dans une querelle scientifique, on biaise le regard si l'on écarte une des deux catégories de facteurs.

La recherche scientifique est une pièce qui se joue à trois, dans un double dialogue. Le premier partenaire est la Nature ; le deuxième est le chercheur ; le troisième est la communauté scientifique. Dans la première partie du livre, j'ai décrit ce que j'ai pu lire ou observer du dialogue entre les deux premiers partenaires (les phénomènes naturels et le chercheur). Quant au dialogue entre le chercheur et la communauté scientifique, les faits rapportés dans la deuxième partie montrent qu'il s'est agi jusqu'ici d'un dialogue de sourds.

Dans l'affaire de la mémoire de l'eau, comme dans toute affaire humaine, je ne pense pas que l'on puisse vraiment choisir le point de vue de Sirius, comme si l'on était soi-même au-dessus de la mêlée. Le seul choix possible concerne la question de savoir si l'on veut faire partie du problème ou si l'on préfère faire partie de la solution. Peut-être le fait de ne pas me cacher que je suis impliqué dans l'affaire de la mémoire de l'eau m'a-t-il permis d'être un peu moins aveugle que les autres acteurs. Au royaume des aveugles, le borgne est roi.

L'eau, cette inconnue

Dans la première partie du livre, j'ai rendu compte du résultat d'efforts pour me faire ma propre opinion, à la fois sur la matérialité des faits rapportés par Benveniste et sur les liens avec les théories scientifiques que ces faits interpellent. Mon récit était centré sur les aspects scientifiques de la mémoire de l'eau que j'ai plus particulièrement étudiés.

Si l'on accepte de sortir du contexte rigide et étroit d'une seule discipline, la mémoire de l'eau cesse d'être une anomalie menaçante dont il faudrait se débarrasser au plus vite. Elle apparaît au contraire comme une pièce parmi d'autres d'un gigantesque puzzle scientifique dans lequel l'eau joue un rôle privilégié. Dans certaines des autres anomalies évoquées, le lien semble direct (l'action de champs magnétiques de basse fréquence sur des cellules et la question de la communication moléculaire dans l'eau cellulaire). D'autres anomalies concernent l'eau en tant qu'objet physique (ses nombreuses anomalies thermodynamiques) ou en tant qu'agent physicochimique (l'interaction avec du verre). Les succès de la théorie des domaines cohérents en ce qui concerne diverses anomalies de l'eau suggèrent que cette théorie pourrait fournir une piste de recherche intéressante pour la compréhension des autres anomalies.

Après cette mise en perspective théorique, j'ai décrit le résultat d'une étude des livres de laboratoire relatifs aux cinq cents expériences sur les hautes dilutions qui avaient été réalisées à l'Unité 200 de l'INSERM entre 1985 et 1989. Cet examen m'a permis de réévaluer l'étude des hautes dilutions qui avait fait tant de bruit après sa publication dans *Nature*. Même si l'on ne prend en compte que les expériences qui vérifiaient les critères scientifiques les plus stricts, les résultats rapportés fournissent des indications concordantes de l'existence d'une mémoire de l'eau. Par ailleurs, même si l'on ne tient pas compte des travaux scientifiques publiés par des revues spécialisées dans l'étude de l'homéopathie, divers travaux publiés par des revues scientifiques traditionnelles vont dans le même sens que ceux de l'Unité 200 de l'INSERM.

À la suite des expériences de hautes dilutions qui reposaient sur l'étude de la coloration des basophiles, d'autres ont été menées à partir de cœurs d'animaux préalablement immunisés. Ces nouvelles études ont permis de confirmer la réalité de l'activité biologique de certaines hautes dilutions et ont conduit à la découverte d'un phénomène encore plus surprenant : la transmission d'une activité chimique sans transport apparent de matière. Même en limitant mon témoignage aux expériences en aveugle qui ont été réalisées en public et à celles que j'ai moi-même réalisées, je conclus à l'existence d'une énigme scientifique qui aurait mérité intérêt et soutien.

Une peur panique de l'inconnu : « Je ne veux pas le savoir »

La rencontre entre l'aveuglement et la contrainte peut conduire à l'étouffement d'une recherche. La perspective historique permet de replacer les différentes formes de censure relatives à la mémoire de l'eau dans un contexte plus large. Cette mise en perspective était centrée sur la question du rôle des experts scientifiques dans la société, en particulier quand il s'agit de santé publique. Les affaires qui ont été évoquées concernent la fièvre puerpérale, le syndrome de l'enfant battu et les effets cancérigènes de champs industriels de basses fréquences. Quant à l'affaire liée à la mémoire de l'eau, elle concerne la contamination de certains sérums physiologiques et de certaines ampoules d'eau distillée vendues en pharmacie. L'examen de ces différentes affaires permet de relativiser la confiance qu'il convient d'accorder à des rapports d'experts quand il s'agit de phénomènes encore inconnus de la science officielle.

Les faits relatés dans les chapitres suivants montrent que ceux qui détiennent les postes clés de la communication scientifique ont plus d'une façon d'empêcher la diffusion d'informations qu'ils jugent gênantes. Les différentes formes de censure illustrées dans ces trois chapitres sont rendues possibles par un déséquilibre très important dans le rapport de force entre une communauté scientifique conservatrice et une minorité de chercheurs innovants. Si l'affaire de la mémoire de l'eau représente un cas extrême de dysfonctionnement de la communication scientifique, les formes de censure qu'illustre cette affaire n'ont rien de spécifique : loin de constituer des bavures, elles font partie du fonctionnement de la science « normale ».

C'est dans les formes de censures institutionnalisées (censure éditoriale et répression institutionnelle), qu'apparaît le plus directement le rôle des rapports de force. Sous le couvert de critiques techniques, la censure scientifique agit généralement de façon moins ouverte. L'analyse thématique présentée (simulacres de reproduction, usages pervers de la statistique et harcèlement scientifique) illustre le fait que seul un rapport de force très déséquilibré permet cet usage pervers d'outils techniques légitimes.

Comme toutes les institutions, l'institution scientifique viole ses propres normes quand elle est menacée, ou plutôt quand elle se sent menacée. L'abus de pouvoir au service d'une irrationalité scientifique se manifeste dans les formes vulgaires de censure illustrées ensuite. Dans ces formes de censure, il n'y a plus ni normes institutionnelles ni normes techniques qui vaillent mais juste la force d'une irrationalité brute. Au moyen d'insinuations, d'attaques contre des personnes plutôt que contre des écrits ou des actes, on fait l'économie d'un débat scientifique. Pour couronner le tout, certains procédés de langage permettent de faire comme si le débat était clos, ce qui a sans doute pour but d'éviter qu'il ne soit réellement ouvert. Il s'agit non seulement de condamner sans preuves mais même sans procès. La rumeur de l'eau exposée au chapitre 7 concerne les insinuations d'incompétence, de déséquilibre mental et de fraude qui ont été utilisées contre Benveniste ou ses collaborateurs. Par ailleurs, des sarcasmes, des insultes et des anathèmes ont été utilisés contre la mémoire de l'eau en guise d'arguments scientifiques.

Pour terminer, j'ai essayé d'expliquer pourquoi, dans l'affaire de la mémoire de l'eau, la plupart des chercheurs avaient eu une attitude si contraire à une liberté de recherche que par ailleurs ils revendiquent avec tant de ferveur. Dans cette tentative d'explication, j'ai mis l'accent sur les facteurs psychologiques en essayant de comprendre ce qui angoisse tellement les chercheurs.

Les tentatives d'interprétation psychologique présentées concernent la fuite dans l'objectivité, le besoin de se rassurer par une foi rigide dans l'intelligibilité et la régularité des phénomènes et la peur panique de tout ce qui, venant d'ailleurs que du sérail, en menacerait le monopole intellectuel. L'affaire de la mémoire de l'eau illustre l'injonction contradictoire à laquelle est soumis le chercheur innovant, qui ne sait plus s'il doit prêter attention aux murmures de Dame Nature ou aux clameurs des gardiens du Temple.

Au secours, la science étouffe la recherche !

Après une enquête qui a duré deux ans, je me suis convaincu de l'intérêt des observations rapportées par Benveniste, à la fois à propos des hautes dilutions et des expériences de transmission. Au terme de mon enquête, je voudrais toutefois insister sur ce qui me paraît l'essentiel : pour moi, la partie la plus importante de mon témoignage n'est pas « la mémoire de l'eau existe, je l'ai rencontrée » mais plutôt « la censure scientifique existe, je l'ai rencontrée ». Une ultime comparaison avec le droit me permettra de préciser le sens de l'importance relative que j'accorde aux deux parties de mon témoignage.

L'opinion publique s'est émue récemment à l'occasion d'un procès que de nombreux observateurs ont considéré comme révélant un déni de justice, à la fois au cours de l'instruction et à l'audience. Dans ce procès, une porte barricadée de l'intérieur jouait un rôle important. Imaginons que, dans quelques années, des faits nouveaux mettent tout le monde d'accord quant à la culpabilité de l'accusé. Ces faits nouveaux ne modifieraient en rien la façon dont l'instruction et le procès se sont déroulés : celle-ci resterait aussi critiquable qu'avant.

De même, si l'avenir devait montrer que les phénomènes observés par Benveniste et par d'autres ont une interprétation banale ou qu'ils n'existent pas, le traitement infligé aux recherches sur la mémoire de l'eau continuerait à relever du procès en sorcellerie et les dysfonctionnements de la communauté scientifique n'en seraient pas effacés pour autant.

Dans l'hypothèse inverse où les dilutions homéopathiques finiraient par être reconnues scientifiquement, elles risquent de subir le même type de récupération que les aiguilles de l'acupuncture, sans que les scientifiques s'interrogent sur ce que des savoirs venus d'ailleurs pourraient leur apporter. On célébrera alors « les perspectives exaltantes qui s'ouvrent dans un nouveau champ de recherche ». J'entends déjà les discours récupérateurs de la science officielle sur la mémoire de l'eau. Lorsque ce genre de mise à jour se fait, les scientifiques s'arrangent pour qu'elle apparaisse *ad majorem Scientiae gloriam*, pour la plus grande gloire de la Science.

Oubliant les conflits mesquins et les aveuglements qui ont précédé la dernière mise à jour des savoirs, on ne retient que la merveilleuse capacité de la méthode scientifique à nous conduire toujours plus près d'une véritable connaissance des phénomènes naturels. L'objectif de mon témoignage sur les différentes formes de censure est de rendre plus difficile l'habituelle réécriture triomphaliste de l'histoire des sciences. Que tout ce gâchis serve au moins à quelque chose !

Je crois que les scientifiques sont actuellement en difficulté à propos de leur prétention à l'exterritorialité que j'appelle la règle d'or. Du point de vue des autres citoyens, la règle d'or présente de sérieux dangers pour la santé publique. C'est ce que j'ai essayé d'illustrer dans le chapitre sur l'expertise. La meilleure leçon que l'on puisse tirer à mon avis de savoirs venus d'ailleurs concerne l'intérêt d'une circulation démocratique d'informations et de points de vue, à la fois à l'intérieur de la communauté scientifique et de l'extérieur vers l'intérieur.

Ce n'est pas que je croie à une hiérarchie intellectuelle inversée, dans laquelle les citoyens seraient plus intelligents que les journalistes, qui eux-mêmes seraient plus intelligents que les sociologues, qui eux-mêmes seraient supérieurs aux biologistes, qui eux-mêmes dicteraient leur loi aux physiciens. Ce que je pense est que chacun de ces groupes a des taches aveugles qui lui sont spécifiques, de sorte qu'ils ont tous intérêt à partager leurs points de vue, à condition évidemment de mettre en commun leurs zones de lucidité et pas leurs zones aveugles.

De façon un peu mythique, on attribue souvent à Galilée la paternité de la science moderne. Une analogie entre l'affaire Galilée et l'affaire Benveniste comporte de sérieux risques, dont le plus important est celui d'une dramatisation excessive. Mais les chercheurs me semblent si anesthésiés aux problèmes de la censure scientifique que je prends le risque de développer brièvement cette analogie.

Commençons par ce qui me semble l'essentiel, qui est le refoulement scientifique. De ce point de vue, l'épisode le plus connu de l'histoire de Galilée concerne sa lunette astronomique. Les spécialistes contemporains font remarquer à ce propos que le maniement de la lunette de Galilée était délicat et que la théorie optique de cet instrument était inexistante ou mal connue. Certes, mais l'essentiel demeure : le refus de regarder et l'incapacité de voir ce qu'un autre savant avait vu et que l'Histoire a révélé être réel.

Un autre aspect de l'analogie concerne le statut de l'erreur. À de rares exceptions près, les grands explorateurs de la connaissance scientifique ont fait plusieurs erreurs, qu'ils ont ensuite corrigées ou qui ont été oubliées. Galilée ne fait pas exception à la règle. C'est ainsi que l'argument de choc qu'il voulut faire valoir dans son ouvrage majeur sur les deux systèmes du monde était erroné : il s'agissait de l'explication des marées. Seule l'interdiction formelle du pape de nommer son livre d'après cette argumentation fallacieuse permit à l'histoire sainte de Galilée d'oublier ce détail.

J'en arrive ainsi au troisième point, qui est l'usage de la contrainte dans la recherche intellectuelle. L'image stéréotypée d'un Galilée enchaîné croupissant dans les prisons de l'Inquisition est fausse. Tout aussi trompeuse me semble l'image inverse d'un Galilée inutilement agressif qui, avec un peu de tact et de doigté, aurait pu éviter de provoquer les autorités de son temps. Sans doute exacte du point de vue psychologique, cette deuxième image occulte la question essentielle : devons-nous accepter qu'un groupe dominant décide sans contrôle de ce qu'il convient de dire et de ne pas dire, de chercher et de ne pas chercher ?

La réponse de Galilée sur ce point ne me semble pas anachronique, même s'il est vrai qu'elle n'était pas très diplomatique et qu'elle a sans doute contribué à son inculpation par l'Église :

> Admettons donc que la théologie se tourne vers la plus haute contemplation divine, et qu'elle occupe le trône souverain parmi les sciences en raison de cette dignité. [...] ses maîtres ne devraient pas s'arroger le droit de décider dans les controverses des disciplines qu'ils n'ont ni étudiées ni pratiquées. En vérité, ce serait comme si un souverain absolu, sans être médecin ni architecte, mais se sachant libre de commander, entreprenait d'administrer des remèdes et d'élever des bâtiments selon son caprice, au grand dam de ses pauvres malades et de ces édifices bien vite écroulés*...

Revenant à l'époque actuelle et reprenant l'image architecturale, je dirais que l'édifice de la Science officielle peut paraître actuellement très solide. Je parlais de faire une percée dans le mur du dogmatisme scientifique. Une dernière fois, j'appellerai à la rescousse mon épistémologue favori : un quart d'heure avant sa mort, le Mur de Berlin tenait encore.

---

* Cité par Koestler dans *Les Somnambules*.

Annexes

Annexe 1

Une anomalie méconnue : l'eau dissout du verre !

L'affaire dite « de l'eau polymérisée » illustre la difficulté des scientifiques à faire face à des observations non expliquées. La stratégie mise en œuvre dans cette affaire est intéressante en tant que précédent historique car elle pourrait être à nouveau utilisée pour évacuer les anomalies associées actuellement à l'idée de mémoire de l'eau. Pour peu qu'une erreur théorique apparaisse dans les interprétations proposées par Benveniste, par exemple à propos de ses expériences de transmission, on pourrait observer une répétition du scénario illustré ici.

Brièvement, il s'agit d'observations des années 60 concernant la formation d'un liquide pâteux dans des tubes capillaires placés dans certaines conditions au-dessus d'eau ultrapure. On savait à l'époque que l'eau a des propriétés différentes de ses propriétés habituelles au voisinage de certaines surfaces mais on n'avait encore jamais observé de telles modifications. Découvert par des scientifiques russes, ce phénomène a d'abord été accueilli par la dérision. Des chercheurs anglais ont confirmé l'existence du phénomène et finalement tout le monde s'y est mis. Les scientifiques qui ont entendu parler de cette affaire pensent généralement qu'il s'agit encore une fois d'un exemple où un chercheur éminent a cru faire une découverte importante (l'eau polymérisée) qui en réalité ne serait que le résultat d'une contamination.

La réalité est plus subtile. La plupart des chercheurs qui ont étudié cette question s'accordent maintenant à dire que le liquide pâteux (qui n'existait qu'en traces infimes, d'où la difficulté des analyses chimiques) n'était pas de l'eau mais un gel de silice. Toutefois, si ceux qui ont étudié la question de près s'accordent maintenant sur ce point, nul n'a encore réussi à répondre à la question embarrassante suivante : comment de l'eau pure peut-elle dissoudre assez de verre pour constituer un gel ? Pire, presque personne ne songe à poser des questions sur ce thème sulfureux. Et pourtant, ce n'est pas parce que le chercheur qui a découvert un phénomène étrange s'est trompé sur son interprétation que ce phénomène a disparu pour autant. L'auteur du principal traité scientifique sur l'eau [1] écrit à propos de l'anomalie découverte par des Russes puis observée par de nombreux chercheurs [2] :

> Néanmoins, l'eau polymérisée n'est pas totalement morte, puisque plusieurs des questions posées à son propos sont restées sans solution satisfaisante. Certaines de ces questions semblent avoir un intérêt scientifique considérable. C'est ainsi, par exemple, que les résultats indiquaient que la *vapeur* d'eau réagit avec le quartz plus facilement que l'eau liquide. Philip Low, de l'université de Purdue, suggère que, « dans leur hâte à dissocier leur nom de l'eau anormale, les membres de la communauté scientifique feignent d'ignorer certains problèmes importants ». Ainsi, si (comme on l'accepte aujourd'hui) les propriétés de « l'eau polymérisée » sont en fait dues à des concentrations élevées de matériaux contenant de la silice, la question qui se pose est : comment est-il possible de dissoudre de telles quantités de silice à partir de tubes capillaires de quartz ou de Pyrex ? Le quartz n'est certainement pas soluble à ce point dans l'eau, comme l'avait souligné constamment Deryagin [...] Tout chercheur qui a encore assez de courage pour évoquer l'existence de l'eau « modifiée » doit être prêt à faire face à beaucoup de sarcasmes.

Les sarcasmes sont une des manifestations courantes du refoulement scientifique, refoulement qui conduit a évacuer des questions pertinentes. Une autre manière d'exorciser une question embarrassante est de profiter de la moindre défaillance théorique ou expérimentale pour rejeter en bloc tout ce que peuvent dire ou écrire ceux qui ont posé cette question. Anticipant sur la suite possible des événements, je dirais que, dans le cas où l'hypothèse de Benveniste d'une transmission électromagnétique d'un signal chimique se révélait fausse, l'énigme des expériences de « transmission » présentées au chapitre 3 n'en serait pas résolue pour autant. Je dirais même qu'au contraire le mystère deviendrait plus épais.

Signalons pour terminer que ceux qui présentent les recherches sur la mémoire de l'eau comme un exemple de science pathologique[3] font parfois appel au précédent historique rappelé ici, sans toutefois mentionner que l'énigme des gels de silice n'est toujours pas résolue.

1. Felix Franks a dirigé un traité en sept volumes sur l'eau : F. Franks, éd. *Water, a Comprehensive Treatise*, (1972-1982), Plenum Press.
2. La citation est traduite de la page 145 du livre consacré à l'affaire de l'eau polymérisée par Felix Franks : *Polywater*, 1981, Cambridge, MIT Press.
3. Voir par exemple : D.L. Rousseau, « Case Studies in Pathological Science. How the loss of objectivity led to false conclusions in studies of polywater, infinite dilutions and cold fusion », *American Scientist*, 1992, *80*, 54-63.

Annexe 2

Les expériences sur les hautes dilutions présentées au chapitre 2

Recensement des expériences

Critères utilisés

À partir des livres de laboratoire d'Élisabeth Davenas, j'ai recensé toutes les expériences conformes aux quatre critères suivants. A titre de comparaison, j'ai également recensé les expériences qui vérifiaient tous les critères sauf le critère de sensibilité du sang.

Condition n° 1. Le sang utilisé était suffisamment sensible[1]. En effet, si un détecteur biologique n'est pas assez sensible pour détecter clairement des molécules actives à des doses importantes, il y a peu de chances qu'il puisse détecter d'éventuels effets de hautes dilutions, qui *a priori* seraient sans doute plus faibles.

Condition n° 2. Dans les comparaisons, on se limite aux dilutions qui dépassent la dix-septième dilution décimale. En procédant ainsi, on a une grande marge de sécurité puisque, après la douzième dilution décimale, il y a déjà moins d'une molécule par basophile[2].

Condition n° 3. On a utilisé la même séquence de dilutions et d'agitations pour le produit actif étudié et pour le produit de contrôle. Cette troisième condition correspond au meilleur schéma expérimental possible, dans lequel les solutions de contrôle ont été soumises exactement aux mêmes opérations que les solutions étudiées[3]. Dans ces conditions, la seule différence entre les deux types de solutions réside dans la présence ou l'absence du produit actif dans le liquide qui a servi au démarrage de la série de dilutions successives.

Condition n° 4. Les comptages des basophiles ont été effectués en aveugle pour les hautes dilutions. Cette dernière condition permet d'éliminer les risques de biais dans la mesure du nombre des basophiles colorés.

Séries d'expériences recensées

Séries A, B et C

Il s'agit d'expériences d'inhibition de l'effet habituel de aIgE. Dans chaque expérience, on a comparé une seule haute dilution d'un produit qui inhibe l'effet d'achromasie à la même « dilution » d'eau ou de sérum :

	Solutions comparées
Série A	Apis/sérum (10^{-18} ou 10^{-30})
Série B	Histamine 10^{-36}/eau 10^{-36}
Série C	Histamine du poumon 10^{-30}/sérum 10^{-30}

Série D

Il s'agit d'expériences dans lesquelles on a comparé terme à terme deux gammes de dilution entre 10^{-21} et 10^{-45}. La seule différence entre les deux gammes est que, dans un cas, on est parti d'une solution concentrée d'aIgE (que l'on a dilué 45 fois) et dans l'autre on est parti de solvant (que l'on a « dilué » de façon identique).

Série E

Il s'agit du même type d'expériences que pour la série précédente, mais avec des gammes de dilution plus restreintes, partant de 10^{-21}, 10^{-22} ou 10^{-23} et allant jusqu'à 10^{-30}.

Série F

Cette série est semblable à la précédente mais a été réalisée sous le contrôle de chercheurs extérieurs à l'Unité 200, qui effectuaient les codages et gardaient les codes jusqu'à ce qu'ils aient reçu les résultats des comptages.

Série G

Dans cette série, on a comparé une gamme de dilutions d'aIgE de 10^{-21} à 10^{-30} à une gamme identique d'un produit très voisin (l'aIgG). À concentrations pondérales, le premier produit diminue le nombre de basophiles colorés alors que le deuxième est sans effet. Une différence persiste à hautes dilutions. Les résultats de cette série d'expériences ont été publiés dans les *Comptes rendus de l'Académie des Sciences* (Benveniste *et al.*, 1991). Comme dans la série précédente, ces expériences ont été supervisées par Ducot et Spira, qui sont également coauteurs de l'article.

Série H

Il s'agit de 4 expériences d'inhibition dans lesquelles on a testé en aveugle l'effacement thermique de l'effet d'une dilution d'histamine à 10^{-36} (voir plus loin, test n° 4).

Série R

Il s'agit d'expériences de la série E et F qui ont été rejetées parce que le sang utilisé n'était pas assez sensible. Réalisées en aveugle comme les autres, ces expériences illustrent le fait que, si le sang n'est pas assez sensible, les effets de hautes dilutions ne sont pas détectés.

Résultats du test n° 1

Pour chaque série, les résultats des expériences individuelles apparaissent sous la forme de 2 chiffres : le nombre des résultats positifs et celui des résultats négatifs. Pour les trois premières séries, il n'y a pas de chiffre parce que chaque expérience portait sur une seule dilution.

Série A

(+) (+) (+) (+) (+) (+) (+) (–) (+) (+) (+)

Série B
(+) (+) (–) (+) (–) (+) (+) (–) (+) (+) (–) (+) (–) (+) (+) (+)

Série C
(+) (+) (+) (–) (+) (+) (+)

Série D
(19+, 5-) * (22+, 3-)

Série E
(10+ 0–) (5+ 4–) (5+ 4–) (6+ 2–) (8+ 0–) (5+ 3–) (7+ 1–) (4+ 4–) (7+ 1–)

Série F
(4+ 6–) (6+ 4–) (5+ 5–) (9+ 1–) (10+ 0-) (7+ 3–) (9+ 1–) (7+ 3–) (9+ 1–) (4+ 5–) * (7+ 3–) (4+ 6–)

Série G
(10+ 0-) (9+ 1–) (6+ 4–) (6+ 4–) (5+ 4–) * (7+ 3–) (9+ 1–) (7+ 3–) (3+ 7–) (8+ 2–) (9+ 1–) (8+ 2–) (2+ 6–) ** (6+ 3–) * (6+ 3–) * (6+ 4–) (9+ 1–) (4+ 6–)

Expériences rejetées par manque de sensibilité du sang
(6+ 4–) (9+ 1–) *** (7+ 3–) *** (5+ 4–) (4+ 3–) ** (6+ 3–) (3+ 5–) * (3+ 6–) (8+ 1–) (6+ 3–) (3+ 6–) (4+ 5–) (3+ 5–) (1+ 6–) * (2+ 5–) * (1+ 7–)

Le bilan statistique donne pour chaque série d'expériences le nombre total de résultats positifs et le nombre total de résultats négatifs ainsi que la probabilité d'obtenir par le seul hasard une proportion au moins aussi importante de résultats positifs :

---

* Un résultat nul : pour la dilution correspondante, le nombre de basophiles comptés était le même pour les deux produits comparés.

** Deux résultats nuls.

*** Les expériences R2 et R3 ont été rejetées à cause d'une achromasie spontanée.

Série	N+	N–	Probabilité de l'hypothèse nulle
A, B, C *	27	7	1/2 000
D	41	8	1/900 000
E	57	19	1/100 000
F	81	38	1/14 000
G1	62	27	1/6 000
G2	58	28	1/1 000
Total	*326*	*127*	

Expériences rejetées [4]

	72+	67–

Test n° 2 : Comparaison entre les variances

Les séries D à G contiennent 41 expériences pour lesquelles on peut comparer la dispersion des comptages, pour l'aIgE, d'une part, pour le liquide de contrôle de l'autre. Chacune des expériences de la série D a été fractionnée en trois, ce qui donne des séries de 8 ou 9 dilutions successives comparables à la série E. Dans le bilan, le signe + indique que la variance des 8 à 10 comptages de basophiles est plus grande pour la gamme aIgE que pour la gamme de contrôle :

D	6+	0–
E	7+	2–
F	8+	4–
G	12+	6–
Total	*33+*	*12–*

Ces résultats incluent une expérience de la série F dans laquelle, d'après leur dispersion excessive, les comptages ont manifestement été aberrants. Suivant que l'on inclut ou exclut cette expérience

* Dans les séries A, B et C, chaque expérience correspondait souvent à plusieurs expériences, dans lesquelles on testait la même paire de produits, avec des échantillons de sang différents. Ici je n'ai compté qu'une seule expérience par paire de produits testés.

aberrante, la probabilité de l'hypothèse nulle est $1{,}4 \times 10^{-3}$ ou $0{,}74 \times 10^{-3}$. Si au lieu de comptabiliser les expériences, on tient compte de la distribution des variances dans les deux groupes, la probabilité est encore plus faible.

Test n° 3 : la réalité des « vagues »

La plupart des expériences qui concernent assez de dilutions pour pouvoir tester statistiquement la réalité des « vagues » n'appartiennent pas aux séries d'expériences présentées ici. Dans celles-ci, seule la série D est utilisable pour le test n° 3. Lorsque l'on compare la position des comptages successifs par rapport à la moyenne, on obtient pour chaque gamme de dilutions des valeurs dont les signes se répartissent de la façon suivante :

D1 (solvant)	+-+++-+---+++-+--+--+-+-+
D1 (aIgE)	--+++++-----+++++-----++-
D2 (solvant)	-+-------+-----+++-++--++
D2 (aIgE)	++----+++++---+++++-----+

Les changements de signes représentent le nombre de fois où la courbe des comptages traverse la ligne moyenne. En comptabilisant ces changements de signes, on obtient les résultats suivants :

Pour le solvant : 25 changements de signes (sur 48 possibilités)
Pour l'aIgE : 12 changements de signes (sur 48 possibilités)

Alors que le résultat est celui attendu pour des variations au hasard dans le cas des dilutions de contrôle, on observe pour les hautes dilutions d'aIgE une structure en vague qui a moins d'une chance sur mille d'être le fruit du hasard.

Test n° 4 : Expériences thermiques sur une haute dilution inhibant l'action de aIgE

Les expériences d'inhibitions portaient sur une gamme de dilutions d'aIgE appartenant à ce que les chercheurs appelaient la

« deuxième courbe », de la dilution 8 à la dilution 13. La haute dilution utilisée pour inhiber l'effet de aIgE était la 18e dilution centésimale de l'histamine (18 CH), ce qui correspond à la 36e dilution décimale. Pour définir le résultat des expériences de façon non univoque, j'ai procédé de la façon suivante. J'ai commencé par déterminer la dilution d'aIgE présentant le maximum d'achromasie (nombre minimum de basophiles). J'ai ensuite noté le nombre des basophiles qui avaient été observés pour cette dilution en ajoutant l'un des quatre échantillons suivants :

Échantillon n° 1 (E1) : eau pure
Échantillon n° 2 (E2) : histamine 18 CH bouillie *après* avoir été préparée par 18 dilutions centésimales
Échantillon n° 3 (E3) : dilution 18 CH ordinaire d'histamine
Échantillon n° 4 (E4) : dilution 18 CH d'histamine qui a été bouillie *avant* la série de dilutions.

Pour les quatre expériences, les résultats étaient les suivants, en nombre de basophiles :

	aIgE seul	+ E1	+ E2	+ E3	+ E4
	43	43	44	64	54
	40	38	35	52	55
	49	54	57	74	80
	27	32	31	39	41
Moyenne	*40*	*42*	*42*	*57*	*57*

Dans chacune des quatre expériences, l'eau pure et la haute dilution chauffée n'ont pas d'effet, alors que la dilution ordinaire d'histamine 18 CH inhibe l'effet de l'aIgE (qui lui-même faisait baisser le nombre de basophiles). Par ailleurs, on vérifie que l'histamine moléculaire résiste effectivement à la chaleur, puisqu'une dilution préparée à partir d'histamine bouillie est aussi active qu'une dilution ordinaire pour inhiber l'effet de aIgE. Les quatre solutions testées s'ordonnent comme prévu, confirmant les nombreuses autres expériences thermiques.

Publications relatives aux hautes dilutions

a) *Émanant de l'Unité 200 de l'INSERM*

J. Benveniste, É. Davenas, B. Ducot, B. Cornillet, B. Poitevin & A. Spira, « L'agitation de solutions hautement diluées n'induit pas d'activité biologique spécifique », *C.R. Académie des Sciences de Paris*, 1991, *312*, Série II, p. 461-466.

É. Davenas, B. Poitevin & J. Benveniste, « Effect on mouse peritoneal macrophages of orally administered very high dilutions of silica », *European Journal of Pharmacology*, 1987, *135*, p. 313-319.

É. Davenas, F. Beauvais, J. Amara, M. Oberbaum, B. Robinzon, A. Madionna, A. Tedeschi, B. Pomeranz, P. Fortner, P. Belon, B. Poitevin & J. Benveniste, « Human basophil degranulation triggered by very dilute antiserum against IgE », *Nature*, 1988, *333*, p. 816-818.

B. Poitevin, É. Davenas & J. Benveniste, « *In vitro* immunological degranulation of human basophils is modulated by Lung histamine and Apis mellifica », *British Journal of Clinical Pharmacology*, 1988, *25*, p. 439-444.

b) *Émanant d'autres laboratoires*

M. Bastide, M. Doucet-Jabœuf & V. Daurat, *Immunology Today*, 1985, *6*, p. 234-235.

J. L. Demangeat *et al.*, « Modifications des temps de relaxation RNM à 4 MHz des protons du solvant dans les très hautes dilutions salines de silicose/lactose », *Journal de Médecine nucléaire et de Biophysique*, 1992, *16*, 135-145.

G. Harisch & M. Kretschmer, « Smallest zinc quantities affect the histamine release from peritoneal mast cells of the rat », *Experientia*, 1988, *44*, p. 761-762.

D. T. Reilly *et al.* « Is homeopathy a placebo response ? Controlled trial of homeopathic potency with pollen in hayfever as a model, *Lancet*, II, 1986, p. 881-886.

B.J. Youbicier-Simo, F. Boudard, M. Mekaouche, M. Bastide & J.D. Baylé, *International Journal of Immunotherapy*, 1993, *3*, p. 169-180.

1. Dans leur dernière publication sur les basophiles, Benveniste *et al.* (1991) ont défini cette limite de sensibilité de la façon suivante : « Achromasie inférieure à 40 % après incubation des leucocytes avec au moins deux concentrations pondérales (log^2 à log^4). » J'ai utilisé cette même condition pour les expériences qui ont précédé la collaboration avec Ducot et Spira.
2. D'après le modèle moléculaire habituel, il faut de nombreuses molécules pour agir sur une cellule, de sorte que même une réaction qui se produirait avec une concentration d'une molécule active par cellule mettrait en cause ce modèle. En pratique, la plupart des dilutions utilisées pour les expériences comparant en aveugle deux séries de dilutions se situaient entre la 21ᵉ et la 30ᵉ dilution décimale, c'est-à-dire 9 à 18 dilutions après celle qui correspond à une seule molécule active par basophile.
3. De nombreuses autres expériences ont été réalisées en utilisant comme solution de contrôle le solvant. L'avantage du schéma expérimental présenté ici est de couper court aux spéculations sur une activité biologique qui proviendrait de l'agitation, plutôt que de l'« empreinte » du produit d'origine.
4. Le résultat négatif de la série R illustre la pertinence de la condition nº 1 énoncée au début. Il illustre aussi le manque de pertinence de la tentative de reproduction publiée en 1992 par *Experientia* (vol 48, pp. 504-508), dans laquelle les auteurs ont négligé cette condition dans la moitié de leurs expériences.

Annexe 3

Les expériences de transmission présentées au chapitre 3

En principe, la mise à l'épreuve d'une hypothèse scientifique est relativement simple : il suffit de confronter les conséquences logiques de cette hypothèse aux faits que l'on observe. En pratique, les choses sont moins simples, pour toutes sortes de raisons à la fois techniques et humaines. Ici, j'ai choisi de présenter une analyse qui correspond à un profil bas : je me contente d'expliciter l'idée qu'il se passerait quelque chose de totalement nouveau dans la mise en œuvre des « boîtes noires [1] » évoquées au chapitre 3 et ce, en me limitant aux dix expériences évoquées dans ce chapitre et en ne considérant qu'un seul produit chimique, à savoir l'ovalbumine [2].

Ces dix expériences correspondent à deux ensembles d'expériences en aveugle qui ont un recouvrement important : celles qui ont été réalisées publiquement entre juillet 1992 et décembre 1993 et celles que j'ai moi-même observées ou réalisées au cours de cette période. En fait, j'étais présent à toutes les expériences analysées ici, sauf la première.

Le plan expérimental

La plupart des témoins ont été constitués par de l'eau naïve. Il s'agit d'eau (ultrapure) non traitée par la machine. D'autres témoins ont parfois été aussi utilisés : de l'eau transmise (OTR) dans lequel le tube mère [3] est de l'eau naïve ; de l'eau traitée sans rien sur la bobine d'entrée (xTR) ; OVAx, qui correspond au fait de placer de l'ovalbumine sur la bobine d'entrée et de l'eau pure sur la bobine de sortie, machine arrêtée. Ici, tous les témoins sont regroupés en une seule catégorie.

La préparation des tubes

Contrairement à ce que l'on pourrait penser, il est plus difficile de stériliser du verre que du plastique, de sorte que, à partir de mai 1993, les expériences ont été réalisées avec des tubes de plastique. La préparation d'un tube mère[3] d'ovalbumine ne pose pas de problème : il suffit de diluer une solution d'ovalbumine pour réaliser la concentration désirée (10^{-8} molaire). Par contre, la préparation des tubes d'eau (mères et filles) pose d'importants problèmes de stérilité. Ces tubes sont chauffés une ou deux heures à 70°.

La transmission

Dans les expériences de décembre 1993, la surveillance des expériences portait sur deux points seulement (en dehors du temps de 15 minutes) : 1) la stérilité de l'environnement des tubes, grâce à une hotte à flux laminaire, 2) la fréquence d'oscillation de l'appareil, qui se situait entre 900 et 1 700 hertz[4]. Cette fréquence, souvent instable, était mesurée périodiquement pour vérifier que l'appareil oscille bien dans cette zone de fréquences.

Le codage des tubes filles

Dans cette procédure, personne n'était seul maître du jeu. La méthode de codage employée permettait de répondre à deux impératifs, en apparence contradictoires : 1) garantir que personne parmi les expérimentateurs ne connaîtrait l'identité des tubes filles (OVATR ou contrôle) avant le décodage, 2) permettre à ces mêmes expérimentateurs de vérifier que le codage a été convenablement réalisé. Si la première condition a été bien respectée, il est possible que la deuxième ne l'ait pas toujours été et que, dans cette méthode en principe idéale, le mieux ait été l'ennemi du bien, à cause des erreurs humaines et des actes manqués liés à une situation conflictuelle.

Quoi qu'il en soit, la procédure de codage était la suivante, illustrée dans le cas de dix tubes. Les tubes filles proviennent tous de la même population de tubes d'eau pure préparés à l'avance. Après avoir été activé, le tube expérimental est mis dans une enveloppe opaque à l'intérieur de laquelle on colle une étiquette marquée

OVATR [5]. Dans neuf autres enveloppes, choisies au hasard dans la même population d'enveloppes, on place les tubes de contrôle, et on colle leur étiquette d'identification ON (eau naïve). Après avoir soigneusement brassé les enveloppes, de manière à les randomiser, on ressort les tubes un à un. Après avoir scellé l'enveloppe, on marque le même numéro d'ordre sur l'extérieur de l'enveloppe et sur le tube. Le décodage permettra plus tard de connaître la correspondance entre les numéros de codes ainsi définis et la nature des tubes, telle qu'elle a été inscrite sur les étiquettes collées à l'intérieur de chaque enveloppe.

La mesure de l'activité biologique

Les mesures réalisées étaient de deux sortes. D'une part, on mesurait la variation du débit coronaire, d'abord pendant trois minutes, puis dans le quart d'heure qui suivait l'introduction du liquide à tester dans le circuit de Langendorff. D'autre part, un dispositif enregistrait automatiquement quelques paramètres mécaniques du muscle cardiaque (fréquence, force de contraction, etc.), tout en permettant une visualisation de ces paramètres sur un écran.

Ce deuxième type de renseignement est plus difficile à quantifier que le débit et il n'est pas utilisé ici. En ce qui concerne le débit cardiaque, la mesure la plus simple est celle du pourcentage de variation maximale du débit cardiaque calculé en valeur absolue.

Deux principes ont été respectés dans toutes les expériences : 1) tous les tubes ont été testés sur le même cœur, 2) pour chaque série, deux cœurs au moins ont été utilisés, pour avoir un recoupement. Un troisième principe a été utilisé, mais de façon moins systématique : bien que l'ordre des tubes soit randomisé par le codage, les tubes ont souvent été testés dans l'ordre inverse sur les deux cœurs d'une même paire de mesures [6].

L'analyse statistique des résultats

L'objet de l'analyse statistique est de regrouper les résultats de plusieurs observations pour en estimer la signification globale. Il n'existe pas de façon unique (ni même incontestable) de procéder à ces regroupements, pas plus qu'il n'existe de façon unique et incontestable de procéder à une expérience. Avant même de faire l'analyse statistique des résultats, ne serait-ce que pour une seule expérience, il faut choisir la façon d'exprimer ces résultats. *A priori* ceci peut se faire de trois façons.

La première façon consiste à donner pour chaque tube fille une valeur numérique de l'activité de ce tube et à présenter pour l'ensemble des expériences la distribution de ces valeurs numériques, pour chaque catégorie de tubes (OVATR d'une part, tubes de contrôle de l'autre). C'est celle utilisée dans la colonne de droite du tableau de résultats présentés dans le texte : les résultats de chaque expérience sont représentés par un écart moyen entre les deux types de tubes, écart rapporté en pourcentage à l'activité de calibrage (celle de l'ovalbumine 10^{-7} molaire). On obtient ainsi un résultat très significatif pour l'effet moyen observé dans l'ensemble des dix expériences : 0,35 ± 0,10. Dans la mesure où l'on peut considérer ces résultats comme distribués de façon normale, une telle valeur a moins d'une chance sur mille d'être le fruit du hasard.

La deuxième façon consiste à classer les tubes en « actifs » et « non actifs ». Cette classification dichotomique est délicate à définir, sauf pour l'expérience du 28 septembre 1992, dans laquelle le nombre de cœurs utilisés était élevé. En combinant les résultats des débits coronaires et les résultats mécaniques (que je n'ai pas utilisés), Benveniste est parfois parvenu à améliorer cette dichotomie, tout en procédant à l'aveugle.

La troisième façon me semble la plus robuste du point de vue méthodologique. Elle consiste à définir pour chaque expérience le tube qui s'est révélé le plus actif. Dans cette procédure, je considère comme un seul échantillon les contenus des tubes qui provenaient d'une même ampoule fille dans les deux premières expériences [7]. Ce que l'on perd ainsi en sensibilité statistique, on le gagne en solidité : on n'a plus besoin de faire l'hypothèse que les ampoules n'ont pas été contaminées. Cette éventuelle contamination fait partie du bruit de fond, avec toutes les autres sources d'erreur aléatoires possibles (y compris les inversions de tubes), de sorte que le résultat de l'analyse statistique permet vraiment de tester l'hypothèse nulle : d'après cette hypothèse, il n'y aurait pas de différence systématique entre les tubes expérimentaux tels que je viens de les définir et les tubes de contrôle, également ainsi définis.

Il est important de bien comprendre que, en procédant ainsi, je n'élimine pas le fait que les tubes de contrôle ont toujours été plus nombreux que les tubes expérimentaux. Chaque expérience « réussie » a donc plus de poids que chaque expérience « ratée », parce que son résultat était, *a priori*, plus improbable. Dans cette façon d'analyser les expériences, les résultats des mesures effectuées en aveugle sont les suivants, par ordre chronologique :

Expérience	*Tube le plus actif*	*Proportion des tubes appartenant à la catégorie du tube le plus actif*
1	OVATR	1 sur 3
2	OVATR	1 sur 3
3	OVATR	1 sur 3
4	OVATR	1 sur 10
5	contrôle	9 sur 10
6	contrôle	9 sur 10
7	OVATR	1 sur 10
8	contrôle	8 sur 10
9	OVATR	2 sur 8
10	OVATR	2 sur 8

La colonne de droite correspond pour chaque expérience à la probabilité d'aboutir au résultat observé, en supposant l'hypothèse nulle. Pour calculer la vraisemblance de l'hypothèse nulle, on peut lui opposer une autre hypothèse. Pour cela, le plus simple est un modèle linéaire à un seul paramètre x : la probabilité pour qu'un tube expérimental s'avère le plus actif est p (x) = x + p (0), où x = 0 correspond à l'hypothèse nulle. La probabilité pour que le tube le plus actif soit un tube de contrôle est le complément 1-p (x). En multipliant le rapport de vraisemblance des dix expériences, on obtient les valeurs suivantes pour le rapport de vraisemblance V, en fonction de x :

x	0	0,1	0,2	0,3	0,4	0,5	0,6
V	1	11	49	134	252	340	313

On voit que l'hypothèse suivant laquelle les tubes OVATR et les tubes de contrôle proviendraient de la même population est 340 fois moins probable que l'hypothèse inverse. Par ailleurs, on voit que l'effet mis en évidence n'est pas seulement significatif du point de vue statistique, il l'est aussi du point de vue des effets mesurés : une probabilité qui suivant les expériences varie entre 0,10 et 0,33 est en moyenne augmentée de 0,5 par l'effet des opérations expérimentales. Le résultat obtenu est donc moins vulnérable aux éventuels biais systématiques que s'il s'agissait d'un effet statistiquement significatif, mais de faible amplitude. Notons pour terminer que la méthode utilisée ici sous-évalue la vraisemblance de l'effet de transmission parce que le calcul est basé sur un modèle très approximatif. En utilisant la formule binomiale, on trouve un résultat encore plus probant[8].

1. Dans son livre *La Science en action*, Bruno Latour a explicité comment les scientifiques utilisent la notion de « boîte noire » dans un rapport de force. Pour rendre compte de leur travail, ils mettent dans une « boîte noire » ce qui ne vaut pas la peine d'être discuté parce que tout le monde est censé être d'accord. Le sens que j'ai donné ici à la notion de « boîte noire » diffère de ce sens habituel. Au lieu de servir à intimider des adversaires, la notion de boîte noire utilisée ici permet à un plus grand nombre de personnes de participer à une discussion éventuelle. La question du rapport de force se retrouve dans le choix d'une stratégie de codage.

2. D'autres produits ont été parfois testés, en particulier l'endotoxine, mais ces expériences ne sont pas présentées ici.

3. Les tubes (ou ampoules) mères sont ceux placés à l'entrée de l'appareil de transmission. Pour produire un tube fille OVATR, on place sur l'entrée un tube mère OVA ; pour produire un tube fille OTR, on place sur l'entrée un tube mère d'eau naïve.

4. L'appareil oscillait avec une fréquence qui dépendait fortement de la position des boîtiers et de leur écartement.

5. Il faut garder présent à l'esprit que OVATR (l'ovalbumine transmise) n'est qu'un nom donné à de l'eau pure qui n'a pas quitté son ampoule ou son tube avant d'être testée. Si cette eau se distingue systématiquement de l'eau témoin, ce ne peut être que par l'organisation des molécules, pas dans leur composition.

6. L'avantage de cette méthode est de compenser l'influence éventuelle de l'ordre de passage des tubes (ordre qui par ailleurs est randomisé par la procédure de codage). L'inconvénient est le risque de mélanger deux seringues, au moment de l'activation des deux cœurs d'une même paire, qui fonctionnent en parallèle. Là encore, le mieux peut être l'ennemi du bien. J'en ai fait l'expérience quand, en l'absence de Benveniste, j'ai demandé que cette précaution soit employée, alors que, à cause de la date (le 29 et le 30 décembre) Jamal Aïssa opérait seul, sans son collègue, Hedi Litime.

7. Dans les deux premières démonstrations publiques, le contenu de trois ampoules a été ventilé dans des tubes. À titre d'exemple, on trouvera le détail de cette ventilation et des résultats des tests biologiques dans la deuxième partie de l'annexe 5.
8. La probabilité de l'hypothèse nulle est alors de 1/3 000.

Annexe 4

Extraits des dossiers du sérum contaminé

1. Lettre officielle de Benveniste au directeur général de l'INSERM (17 novembre 1992, avec accusé de réception)

Objet : Possibilité de contamination du sérum physiologique injectable

Monsieur le Directeur Général,

Je vous informe très officiellement des résultats que j'obtiens depuis quelques semaines. En utilisant, au début à titre de contrôle, le sérum physiologique injectable Biosedra distribué en flacons de verre de 500 ml par l'Assistance publique, nous obtenons sur cœur isolé de cobaye *immunisé* des réactions hémodynamiques extrêmement puissantes : diminution du flux coronaire — qui lorsque l'animal donneur est, notamment après immunisation, très sensible à l'endotoxine, peut être complètement supprimé — et altérations mécaniques dont la plus frappante est la diminution brutale de la force de contraction pouvant conduire à l'arrêt du cœur. Ces effets s'obtiennent parfois avec du sérum pur, parfois seulement après amplification (une dilution 1/1 000 dans de l'eau, suivie ou non de chauffage modéré). Nous avons essayé du sérum physiologique provenant des USA et du Canada, qui sont dénués d'effets, et disposons de sérums d'une dizaine de pays que nous nous apprêtons à tester. Nous n'avons pas encore testé le sérum de la Pharmacie centrale des hôpitaux.

La nature de ces réactions évoque une activité de type endotoxine, sans que nous soyons en mesure de l'affirmer formellement.

Comme le sérum physiologique Biosedra ne contient sûrement pas d'endotoxine moléculaire, que l'activité que nous avons détectée disparaît à la chaleur et sous l'effet d'un champ magnétique oscillant (laboratoire de magnétisme du CNRS, Meudon-Bellevue), il est plausible qu'il s'agit d'un transfert de type électromagnétique, soit au cours de la fabrication du sérum soit au cours du transport par amplification d'une trace rémanente sur le verre. Cependant, dans une expérience préliminaire, nous avons trouvé une activité semblable sur du NaCl Prolabo, activité qui disparaît à la chaleur. J'ai prévu depuis longtemps la possibilité d'une telle contamination électromagnétique, je vous le rappelle, dans le silence et l'hostilité générale.

Bien que nous ayons plus de 20 expériences allant dans le même sens, je ne peux affirmer formellement la réalité du phénomène ni son origine exacte. Les témoins paraissent avoir été faits dans les règles de l'art. Une telle contamination, probablement sans danger pour les sujets normaux, pourrait avoir des conséquences encore indéterminées sur des sujets rendus sensibles à l'endotoxine par une pathologie concomitante*. Il me paraît donc urgent de prendre sans aucun délai des mesures ad hoc dont la première devrait être la création immédiate d'un comité chargé de l'évaluation de ces résultats et, le cas échéant, de leur origine et de leurs conséquences.

À cette occasion je vous rappelle que je demande depuis des années la création d'un comité d'experts sur le thème général de la transmission électromagnétique de l'information biologique. Je souhaite fortement que les faits que je rapporte ici ne soient pas validés ou résultent d'un artefact que les experts pourront nous aider à déterminer. Cependant, si tel n'était pas le cas, la passivité des autorités politiques et scientifiques que j'ai régulièrement aler-

* J'attire votre attention sur le fait que les cœurs provenant de cobayes normaux ne réagissent pas ou peu à l'endotoxine, même à dose pondérale, alors que les animaux en cours d'immunisation deviennent très sensibles. Il s'agit là d'une donnée classique dans la littérature comme d'ailleurs l'effet dépresseur des endotoxines sur la fonction cardiaque. Mes résultats et le modèle dont je dispose devraient par exemple nous conduire à lancer très rapidement une recherche sur la mort subite du nourrisson où la conjonction d'une vaccination et d'une infection à Gram pourrait jouer un rôle déterminant.

tées depuis plusieurs années, et encore tout récemment, sur la réalité et l'importance de ce phénomène, et qui m'ont laissé aux prises avec cette recherche difficile dans la solitude la plus complète, l'absence flagrante de moyens affectés à cette recherche, et même la diminution régulière du budget de mon unité, pourrait ultérieurement, et à juste titre, être reprochée à notre appareil de recherche. C'est une raison de plus, après la sécurité des malades, pour prendre en urgence des mesures énergiques, d'autant que les solutions sont simples. Je vous remercie donc de répondre très rapidement à ce courrier. Dans le cas où je n'aurais pas reçu une telle réponse d'ici une semaine je me permettrais d'alerter directement les autorités sanitaires et politiques. Vous comprendrez mon extrême prudence en fonction d'événements tragiques qui font actuellement l'actualité. Par ailleurs, je n'insiste pas sur la nécessaire confidentialité sur un sujet capable de traumatiser le public. Encore faut-il que l'évaluation et les éventuelles décisions suivent de près dans ce cas, et une nouvelle fois contre l'avis probable de certains « experts », l'avancée scientifique.

Je vous remercie et je vous prie de croire à mes sentiments les meilleurs.

J. Benveniste

Copie aux Présidents du Conseil scientifique et de la Commission 5 de l'INSERM.

P.J. Copie de livre de laboratoire : deux expériences typiques le 16/11/92

2. La tentative de communication à la revue médicale Lancet *(lettre à l'éditeur, 16 février 1993)*

Lors d'une étude des effets cardiaques d'antigènes sur des cœurs isolés de cobayes préalablement immunisés, nous avons détecté une activité de type endotoxine dans des solutions salines à 0,9 % que nous utilisions comme solutions témoins. Après avoir remarqué que ces solutions avaient un effet biologique, nous avons procédé à leur étude systématique. Des échantillons de 10 millilitres contenant les solutions salines (dans leur concentration d'origine ou après dilution au millième dans un tampon de Krebs-Henseleit) ou des solutions de LPS d'E. Coli à 1 microgramme par millilitre ont été injectées dans l'aorte à la vitesse de 2 millilitres par minute. Nous avons observé des modifications mécaniques et des variations du flux coronaire (VFC) 14 jours après injection i.p. de 1 microgramme d'ovalbumine (Sigma) dans 0,1 millilitre d'alun (Alhydrogel^R). Ces variations n'ont pas été observées dans le cas d'animaux qui n'avaient pas subi d'immunisation préalable. Les résultats de ces observations ont été les suivants :

1) Les réponses au LPS présentent des variations individuelles[1-3] ainsi que saisonnières. Exprimées en pourcentages par rapport au débit d'origine, les valeurs absolues des VFC observées entre le 26 octobre et le 18 novembre 1992 ont été les suivantes, respectivement pour les solutions salines diluées (n=13), pour les mêmes solutions chauffées 1 heure à 70°C (n=12) et pour le LPS (n = 6) : 31.8 ± 7.5, 5.4 ± 0.8, ($p<0.05$, test t pour des variables indépendantes) et 34.5 ± 20.1. Du 20 novembre 1992 au 26 janvier 1993, les valeurs correspondantes des VFC ont été les suivantes : 14.4 ± 1.6 (n=43) ; 3.8 ± 0.4 (n = 35) ($p<0.05$) et 17.9 ± 3.7 (n = 24). Une baisse importante de la force de contraction, conduisant parfois à l'arrêt cardiaque, a souvent été observée, en même temps qu'une valeur négative de la VFC. Des résultats semblables ont été obtenus lors de quelques expériences effectuées sur des solutions salines qui n'avaient pas été diluées au millième. Nous n'avons pas examiné de façon systématique d'autres solutions destinées à l'injection intraveineuse. Signalons toutefois que les quelques échantillons en provenance des États-Unis et du Canada que nous avons commencé à examiner n'ont révélé aucune activité (3.5 ± 0.5 et 3.7 ± 0.5, n = 4). Une étude est envisagée à partir d'échantillons de solutions salines de 14 pays.

2) Deux rats Wistar ont été injectés s.c. avec une dose de 10^7 de BCG vivants (Institut Pasteur)[3] et 1 microgramme d'ovalbumine. Onze jours plus tard, l'injection de solution saline diluée a déclenché un arrêt cardiaque soudain, avec des VFC de − 100 % et − 89 %, alors que la même solution saline chauffée une heure à 70°C n'avait eu aucun effet.

3) L'activité de type endotoxine, qui avait disparu par chauffage, est réapparue après trois semaines, mais a pu être à nouveau supprimée par chauffage. Ce chauffage a été sans effet sur des solutions de LPS à 1 microgramme par millilitre.

Quelle est la nature de l'activité de type endotoxine que nous avons observée ? Les VFC, l'inotropisme négatif, arythmie des rats et la nécessité d'une immunisation préalable, tout simule ce que l'on observe généralement avec du LPS. La sensibilité des cœurs au LPS (1 microgramme/ml) suivait souvent celle de nos solutions salines. Toutefois, ces solutions donnaient une réaction négative au test de limulus, capable de détecter la présence de LPS jusqu'à 0,1 nanogramme par ml. Par ailleurs, la disparition de l'activité après un chauffage modéré contraste avec la thermostabilité du LPS. Les micro-organismes qui ont été tués par la chaleur sont une source possible de LPS à des doses inférieures à celles qui sont détectables. On aurait ainsi une source possible de l'activité de type endotoxine, soit directement (la thermolabilité semble exclure cette hypothèse), soit par l'intermédiaire d'un mécanisme encore non défini. Notons que d'autres substances cardiotoxiques devraient également être explorées en tant que sources possibles de l'activité rapportée ici.

Quelle que soit la nature de cette activité de type endotoxine, il est nécessaire de clarifier les conséquences possibles chez l'homme des effets cardiotoxiques éventuels de doses massives des solutions salines. Sans danger pour les sujets dotés d'un système immunitaire normal, ces solutions pourraient être nuisibles chez ceux qui sont naturellement sensibles au LPS, ou qui sont en train de développer une défense immunitaire, ceux qui ont des déficiences immunitaires, des cancers et/ou des désordres hématologiques [1-4]. Dans le cas de souris ou de patients atteints de maladies malignes, la sensibilité au LPS est liée à une valeur élevée du sérum IL-6 [4]. Ce marqueur pourrait servir à élucider la nature et les effets immunologiques de l'activité de type endotoxine rapportée ici. En attendant, en cas de doute, il serait nécessaire de vérifier toutes les solutions destinées à des injections intraveineuses ou de les chauffer (à 70° pendant une heure), ce qui supprime l'activité de type endotoxine pendant deux semaines environ. Il serait nécessaire de mettre en œuvre de nouveaux procédés de fabrication.

INSERM U200
32, rue des Carnets
F-92140

Jacques BENVENISTE, Docteur en médecine
Mohamed Hedi LITIME, Docteur ès sciences
Jamal AISSA

Références
1. Galanos C., Freudenberg M.A., Reurrer W., « Galactosamine-induced sensitization to the lethal effects of endotoxin », *Proc Natl Acad Sci USA*, 1979, *76*, p. 5939-5943.
2. Snell R.J., Parillo J.E, « Cardiovascular dysfunction in septic shock », *Chest*, 1991, *99*. 1000-1009.
3. Suter E., Ullman G.E., Hoffman R.G., « Sensitivity of mice to endotoxin after vaccination with BCG », *Proc Soc Exp Biol Med*, 1958, *99*, p. 167-169.
4. Yoshimoto T *et al.*, « High serum IL-6 level reflects susceptible status of the host to endotoxin and IL-1/tumor necrosis factor », *J Immunology*, 1992, *145*, p. 3596-3603.

3. Le sérum contaminé : les démarches effectuées par le docteur Benveniste *

24/9/92	Communication orale, à la réunion de l'ACIP, de J. Benveniste à P. Lazar sur l'extrême probabilité de l'existence d'une *contamination du sérum physiologique injectable par une activité de type endotoxine bactérienne*.
17/11/92	Lettre recommandée AR personnelle et confidentielle de J. Benveniste à P. Lazar, directeur général de l'INSERM, lui communiquant des résultats décrivant cette contamination. Les effets observés sont une chute du débit coronaire et de la force de contraction du cœur, pouvant aller jusqu'à l'arrêt cardiaque. Sans réponse dans un délai d'une semaine, J. Benveniste prendra la décision d'alerter directement les autorités sanitaires et politiques. Copie aux présidents du Conseil scientifique et de la commission 5 de l'INSERM (C. Amiel et J. Bockaert).
Début déc.	Entretien téléphonique avec P. Blaise, pharmacien du laboratoire Biosedra, fabricant du sérum physiologique incriminé. Projet de recherche sur les effets « endotoxine » de ce sérum.

* Reproduction intégrale d'un mémorandum rédigé par Benveniste.

Entre-temps	Pas de réponse de P. Lazar mais, les cobayes répondant très mal, J. Benveniste laisse en attente la lettre prête à être envoyée au ministre de la Santé.
7/12/92	Réponse de P. Lazar, qui demande un temps de réflexion de la part des services de l'INSERM et ne s'oppose pas à ce que J. Benveniste alerte sous sa responsabilité les autorités sanitaires et politiques. Il promet une réponse ultérieure.
22/12/92	Lettre de P. Lazar à J. Benveniste informant de sa décision d'adresser copie de la lettre du 17/11 de J. Benveniste et des documents joints à F. Stasse, directeur général de l'AP-HP, et à G. Vincent, directeur des Hôpitaux.
29/12/92	Appel de M. Bauer, directeur de la Pharmacie centrale des hôpitaux : « On vous contactera... » Réponse de J. Benveniste à la lettre du 22/12 de P. Lazar : Aucune mesure concrète n'a été prise, un mois et dix jours après l'envoi de la première lettre de J. Benveniste. L'INSERM prend des risques. Les cobayes fonctionnent mal, mais nous n'avons pas les moyens d'utiliser d'autres systèmes. Copie à G. Vincent, C. Amiel, J. Bockaert.
4/1/93	Réception de la dotation budgétaire de l'INSERM 1993 : *diminution de 42 % par rapport à 1992 et 57 % par rapport à 1991*. Lettre personnelle et confidentielle de J. Benveniste à Bernard Kouchner et à Félix Reyes (chargé de mission pour les questions médicales et scientifiques) contenant une note confidentielle sur la possibilité de contamination du sérum physiologique injectable, copie de livres d'expériences, des abstracts sous presse au congrès 1993 de la FASEB aux États-Unis. Demande de réponse rapide.
8/1/93	Lettre de J. Benveniste à P. Blaise, de Biosedra, accusant réception des produits correspondant au programme de recherche. Mais impossibilité d'assurer cette recherche en raison de la forte diminution de notre budget et de l'hostilité apparente des autorités. Copie à B. Kouchner et P. Lazar.

Lettre personnelle et confidentielle de J. Benveniste à B. Kouchner et Félix Reyes : Très importants effets cardiaques obtenus le 6/1 avec de l'eau distillée injectable vendue en pharmacie. J. Benveniste « panique » et demande à nouveau une réponse.

13/1/93 Fax de J. Benveniste à Simone Veil à Bruxelles, pour lui demander conseil, et éventuellement soutien, avec copie de la lettre à B. Kouchner du 4/1.

À ce jour, pas de réponse du cabinet du ministre, même pas sous forme d'accusé de réception.

15/1/93 Lettre recommandée AR personnelle et confidentielle de J. Benveniste à B. Kouchner lui rappelant les lettres des 4 et 8 janvier et l'absence de toute réaction de son ministère. J. Benveniste considère donc, à la date du 15/1/93, que « sa responsabilité est dégagée et celle du ministre engagée ». Copie à R. Lenoir avec copie des autres lettres à B. Kouchner et de la lettre à S. Veil.

Lettre à S. Veil, à son bureau de Paris (faxée à Bruxelles le 13/1) avec tous les résultats et lettres ayant été adressés à B. Kouchner.

1/2/93 Toujours aucune réaction du ministère de la Santé, sauf une lettre manuscrite de Félix Reynes, datée du 15/1, postée le 19/1, arrivée le 21 : « J'envisage de mobiliser rapidement le Laboratoire national de la Santé sur ce dossier. »

Réponse de S. Veil : « Je ne suis pas compétente ; j'alerte B. Kouchner. »

3/2/93 Avalanche de résultats particulièrement nets : la perfusion du sérum physiologique induit l'arrêt des cœurs de rats et de profondes perturbations hémodynamiques des cœurs de cobayes, deux semaines après immunisation des animaux par le BCG.

5/2/93 Lettre de J. Benveniste à B. Kouchner par laquelle il s'étonne du manque d'intérêt des autorités scientifiques et politiques pour ces résultats, et informant de sa décision de ne pas attendre au-delà du 17/2/93 pour rendre ces résultats publics. Trois mois s'étant écoulés depuis sa demande à P. Lazar d'une exper-

	tise, il ne serait pas conforme à l'éthique d'attendre plus longtemps. Pièces jointes : — Note confidentielle au ministre de la Santé — Mémorandum jusqu'au 3/2/93 — Courbes de résultats — Remarques sur l'expérience — Première page d'un article de Yoshimoto sur les chocs à l'endotoxine, publié par le *Journal of Immunology*.
12/2/93	Lettre de B. Kouchner indiquant qu'il a demandé au Laboratoire national de la Santé de mener une enquête chez Biosedra.
16/2/93	Lettre à l'éditeur de *Lancet*.
17/2/93	Fax de J. Benveniste à B. Kouchner et F. Reyes indiquant son désaccord avec la procédure suivie car nous tenant en dehors de l'enquête, les enquêteurs n'ayant pas suffisamment d'éléments pour savoir ce qu'ils doivent rechercher.
18/2/93	Fax de F. Reyes informant J. Benveniste que le ministre avait tenu compte de ses suggestions et chargeait le Laboratoire national de la Santé de mettre en place une expertise avec notre collaboration.
19/2/93	Lettre de J. Benveniste à J.P. Cano, directeur du Laboratoire national de la Santé, lui proposant une expérience.
23/2/93	Appel de J.P. Cano. Un rendez-vous est fixé pour une discussion avec J. Benveniste le 24/2 au soir mais cette réunion est annulée et a lieu le 2/3.
2/3/93	Rencontre au Laboratoire national de la Santé de J.P. Cano et J. Benveniste : J. Benveniste doit proposer un protocole d'expérimentation pour la visite d'experts. La date de cette visite sera fixée ultérieurement.
4/3/93	Le protocole est faxé à J.P. Cano.
15/3/93	J.P. Cano informe J. Benveniste que le ministre lui alloue une somme de 150 000 francs pour le financement de l'expertise.
22/3/93	Lettre de B. Kouchner confirmant sa demande

	d'enquête par le Laboratoire national de la Santé et l'allocation d'un crédit par l'intermédiaire du Réseau national de Santé publique.
2/4/93	Le début de l'enquête est prévu pour les deux semaines qui viennent...
8/4/93	Visite des experts (Prs J. Giroux, G.P. Guilem) du Laboratoire national de la Santé de Montpellier.
16/4/93	Réception à l'U 200 de la première version de la « procédure opératoire standardisée » (POS).
28/4/93	Retour du document corrigé.
4/5/93	Établissement de la version définitive de la POS, retournée signée le 10 mai.
1/6/93	Lettre du directeur de cabinet de P. Douste-Blazy : « Le ministre a demandé... meilleur délai. Au moindre doute... les mesures seraient immédiatement prises... »
	Téléphone du Pr J. Giroux demandant l'adresse du Pr E. Coraboeuf. J.P. Cano est souffrant depuis ? et, en son absence, les décisions sont en panne. Or j'avais suggéré en mars que le comité d'enquête soit désigné *dans le même temps* où la POS était établie, pour gagner du temps...
Fin juillet 1993	Je téléphone à J.P. Cano. Surprise : le comité est constitué, sous la direction de Carpentier de Marie-Lannelongue.
Début août 1993	Nouvelle demande de précisions du RNS en vue du versement des 150 KF. Envoi sur-le-champ.
27/9/93	Nouvelle demande du RNS. Il n'y a pas les papiers nécessaires : l'objet de la « recherche » n'est pas défini.
14/9/93	Toujours aucune nouvelle du comité. L'enquête paraît au point mort.
	Remise en route du cœur perfusé : effets « dramatiques » de l'eau distillée injectable (voir lettre à P. Douste-Blazy de ce jour).
5/11/93	Nous apprenons par hasard qu'en fait l'enquête est en cours, dirigée par J.J. Mercadier (Marie-Lannelongue) et A. Spira (INSERM, U 292). À aucun moment il n'est prévu notre participation, même pour

la mise au point technique des expériences. Voir ma lettre de protestation à D. Tabuteau, avec copie à S. Veil, P. Douste-Blazy, P. Lazar, J.P. Cano, J. Drucker, J.J. Mercadier, A. Spira, F. Nouchi.

Annexe 5

Documents illustrant la censure institutionnelle

1. Évaluation des expériences de hautes dilutions par le Conseil scientifique de l'INSERM et motion relative au mandat de directeur de l'Unité 200 de Benveniste (juillet 1989)

Bilan scientifique de la délégation sur les expériences de hautes dilutions

Sans vouloir entrer dans la polémique, la délégation a souhaité analyser avec lucidité la place et les effets des recherches sur le thème des « hautes dilutions » menées au sein, ou au voisinage immédiat, de l'unité depuis plusieurs années. Rappelons d'abord qu'elles ne constituent qu'une faible part (5 % ?) de l'activité globale du groupe. Bien informés des différents aspects, scientifiques ou non, de cette activité, les membres de la délégation sont unanimes à souligner la disproportion des faits avec leur interprétation et les jugements exprimés dans tous les milieux. Tels qu'ils sont décrits, avec les développements récents qui nous ont été présentés, les résultats de l'équipe de J. Benveniste n'apparaissent que comme une curiosité de laboratoire à laquelle ne sont pas encore données d'explications satisfaisantes et dont la portée restera limitée. Ces observations contredisent quelques-unes des lois les mieux établies de la physico-chimie ; elles exigent donc un esprit ouvert et du sang-froid. Tout chercheur expérimenté est familier de l'inattendu, voire de l'inhabituel, et la signature d'un scientifique créatif et responsable est de savoir distinguer dans ces faits ceux qui sont significatifs de ceux qui paraissent finalement triviaux, ce qui est parfois difficile. L'observation de ce groupe, dont nous ne mettons pas en cause la sincérité, peut correspondre à l'une ou l'autre de ces catégories. On pouvait espérer, voire exiger, de cette équipe l'effort d'analyse suffisant pour conclure avec certitude sur la signification et l'importance de ses observations. Depuis plusieurs années, elle appuie ses conclusions sur un type de cellules et un test, dont le moins qu'on puisse dire est qu'il est controversé. Seul, l'élargissement à d'autres systèmes cellulaires ou biochimiques plus simples permettrait d'apporter quelque généralité à ces curieux résultats avant d'affirmer que certains phénomènes ont échappé à deux cents ans de recherche chimique. Le directeur de l'unité n'a pas répondu de façon satisfaisante à l'ensemble des objections de sorte que la matérialité des faits sur lesquels se fonde ses interprétations ne saurait être considérée comme établie.

Au cours de nos discussions avec le docteur Benveniste, nous avons proposé quelques expériences biochimiques simples qui permettraient une telle généralisation et souligné l'absence d'analyse du rôle de certains paramètres facilement accessibles comme le temps dans des expériences déjà réalisées et pour lesquelles un phénomène de « mémoire » a été évoqué. Nous ne pouvons qu'être troublés par son refus d'envisager (faute de temps et de moyens ? ou de collaborations spontanées ?) la réalisation de telles expériences.

Unanimes à respecter la liberté du chercheur, nous affirmons avec fermeté le droit de l'INSERM d'utiliser des fonds publics pour conforter des idées scientifiques nouvelles, voire révolutionnaires, mais en échange nous nous sentons en droit d'exiger que ces idées soient évaluées selon des standards scientifiques acceptables, au risque de tomber dans l'obscurantisme.

Réunion du Conseil scientifique du 4 au 6 juillet 1989

MOTION

Le Conseil scientifique approuve sans réserve les termes et les conclusions du rapport présenté par la délégation du Conseil scientifique auprès de l'Unité 200 :

— recommande le maintien de l'Unité 200,

— recommande de différer le renouvellement du mandat du directeur en raison du caractère insuffisamment structuré du programme et des perspectives scientifiques, et de l'insuffisance des réponses données aux objections scientifiques graves qui lui ont été opposées.

24 OUI / 1 ABS sur 25 votants.

2. Echange de lettres entre Benveniste et le directeur de l'INSERM à propos de la première expérience de transmission réalisée en aveugle.

Compte-rendu de l'expérience du 9 juillet 1992 (note du 27/7/92)

Une expérience à l'aveugle de transmission électromagnétique de deux activités biologiques a été faite le 9 juillet 1992 avec la participation de quatre scientifiques extérieurs à l'Unité 200 : le transfert d'ovalbumine et d'endotoxine de E. Coli, en ampoules scellées de 2 ml a été effectué vers des ampoules filles scellées de sérum physiologique de 2 ml. Les ampoules filles ont ensuite été diluées au 1/1 000 et 20 ml des dilutions ont été répartis en tubes de 50 ml, codés selon la méthode de Michel Schiff assurant que tant les opérateurs de l'U 200 que les personnes extérieures ignorent la signification du code. Les tubes ont été testés les 11 et 12 juillet sur deux cœurs isolés de cobayes préimmunisés à l'ovalbumine. Le code a été ouvert le 13 juillet :

Tubes n°	*% variation du flux coronaire* *Cœur A*	*Cœur B*	*Décision avant ouverture du code*	*Signification du code*
1	50	17	+	End
2	55	21	+	End
3	75	93	+	Ova
4	0	0	–	H_2O
5	– 50	– 53	+	Ova
6	0	0	–	H_2O
7	0	0	–	H_2O
8	0	0	–	H_2O
9	0	0	–	H_2O
10	0	0	–	H_2O
11	11	10	– ?	H_2O
12	– 37	– 42	+	Ova

H_2O : eau phys. de départ

H_2O : eau phys. ayant reçu une information H_2O

Il y a une chance sur 4 000 que ce résultat soit dû au hasard. De plus, les différences entre tubes actifs et contrôles (les deux sont du sérum physiologique pur !) sont nettes et reproductibles. On retrouve ces différences sur les effets mécaniques (non montrés ici).

Cette expérience démontre éloquemment la transmission d'une activité biologique par un circuit électronique, affirmant sans contestation possible à la fois la nature électromagnétique de l'information moléculaire et le rôle de l'eau en tant que « bande » magnétique mémoire de cette information. Elle valide du même coup les expériences antérieures, plus de 50 depuis un mois. Une seconde expérience à l'aveugle sera faite.

Réaction du directeur général de l'INSERM (lettre du 18 août 1992)

Monsieur le Directeur,

Vous m'avez adressé une lettre circulaire en date du 27 juillet concernant un résultat d'expérience susceptible de « retenir mon attention ».

Je voudrais vous faire remarquer que la fiche jointe comporte d'évidentes fautes de frappe (les indications en bas du tableau sur « H_20 ») et, compte tenu de la sensibilité que vous n'ignorez pas vis-à-vis de vos activités, de surprenantes insuffisances d'explications (« il y a 1 chance/4 000 que ce résultat soit dû au hasard » : ***quel* résultat ? quelle différence entre H_20 et H_20tr ?**).

J'attire très sérieusement votre attention sur le caractère pernicieux de la diffusion de telles « informations ».

Si vous deviez persister dans ce type de comportement, je serais obligé d'en tirer des conséquences sérieuses.

Je vous prie d'agréer, Monsieur le Directeur, l'expression de mes sentiments les meilleurs.

Réponse de Jacques Benveniste (lettre du 25 août 1992)

Monsieur le Directeur,

Le compte-rendu d'expérience que je vous ai adressé n'est pas une circulaire. C'est un résultat d'une expérience, destiné à la dizaine de scientifiques qui supervisent maintenant ces expériences à l'U 200. Les deux seules personnalités « non scientifiques », en dehors de vous-même, qui ont reçu ce document de travail, évidemment succinct, sont (à titre personnel et confidentiel) François Kourilsky et Hubert Curien. Les événements scientifiques qui se déroulent en ce moment à Clamart sont en effet d'une importante suffisante pour que j'en informe pas à pas, comme je l'ai toujours fait, un nombre limité de responsables. Il s'agit de garder le contact, rechercher l'appui et susciter les critiques et suggestions du plus grand nombre possible de scientifiques, ainsi que vous, et le Président de la République lui-même dans un courrier récent, m'y avaient constamment encouragé. Je vous remercie d'une part de votre éventuelle participation scientifique personnelle et d'autre part de m'indiquer très précisément ce qui m'est maintenant interdit et sur quelle base ?

Je vous adresse une version modifiée de ce compte-rendu. Il y avait effectivement *une* omission, H_2Otr. J'ai réécrit le commentaire afin que la différence entre tubes actifs et contrôles apparaisse mieux, puisqu'il semble que vous ne l'ayez pas décelée. Il n'y a évidemment aucune différence entre eau et eau-tr, qui sont tous deux des contrôles. Je vous signale qu'une variation de 30 % du flux coronaire est, en physiologie, très importante, à l'origine de nombreuses publications sur les effets hémodynamiques de diverses substances, dont, sur cœur sensibilisé, d'antigènes. Alors, 50, 75 ou 93 %...

Je vous prie de croire à mes sentiments dévoués.

Annexe 6

Un exemple récent de simulacre de reproduction

En décembre 1993, *Nature* a publié un article intitulé « La dégranulation des basophiles humains n'est pas déclenchée par du sérum très dilué anti-IgE [1] ». Ce titre annonce clairement la couleur puisqu'il reprend les termes mêmes du titre de l'article de Davenas *et al* [2]. Dans une réponse à cet article qu'ils ont envoyée à *Nature* et que cette revue a refusé de publier, Benveniste et Spira signalent une quinzaine de points sur lesquels les auteurs de cet article n'ont pas suivi leur protocole. Ici, je me limiterai à certains points qui m'ont paru essentiels.

Avant de faire quelques remarques sur l'article de Hirst *et al.*, il semble nécessaire de préciser le plan expérimental des auteurs, tant ceux-ci semblent s'être efforcés de le rendre obscur. Les paramètres utilisés par les auteurs sont les suivants :

1) *Les lots de sang* (un par « expérience »). Une « expérience » = un traitement (A, B ou C) pour un domaine de dilution (1, 2, 3)

2) *Les traitements* (réalisés chacun en triplicate)
A = aIgE haute dilution agité
B = aIgE haute dilution sans agitation
C = tampon haute dilution agité.

3) *Les domaines de dilution*
1 = dilutions centésimales 6 à 13 (10^{-12} à 10^{-26})
2 = dilutions centésimales 15 à 22 (10^{-30} à 10^{-44})
3 = dilutions centésimales 23 à 30 (10^{-46} à 10^{-60}).
Le tableau des expériences réalisées est le suivant :

Domaine / Traitement	1	2	3
A	5 expériences	5 expériences	5 expériences
B	4 expériences	4 expériences	4 expériences
C	3 expériences	3 expériences	3 expériences

L'exemple imaginaire cité dans le chapitre 6 à propos de la généalogie des rois de France était une illustration grand public de la stratégie utilisée par les auteurs dans leur première figure, dans laquelle toutes les expériences sont mélangées. Le mélange des expériences donne au lecteur l'impression que les résultats présentés correspondent au titre de l'article, ce qui n'est pas le cas. Compte tenu du caractère hermétique de l'article, peu de lecteurs seront allés au-delà, et le but recherché aura été atteint : discréditer les expériences de hautes dilutions réalisées à partir de la coloration des basophiles.

Pour montrer que, sur ce point, je ne fais pas un procès d'intention aux auteurs, je signale deux procédés déloyaux inhabituels. Les auteurs accusent leurs adversaires de ne pas citer de données brutes (le nombre des basophiles). Il s'agit d'une contre-vérité : le premier tableau de l'article de Davenas *et al.* contient les nombres de basophiles de 4 expériences en aveugle, soit 40 valeurs avec leur dispersion. Quant à la publication suivante[3], parue en 1991, les nombres de basophiles sont fournis pour toutes les expériences présentées. Mais Hirst *et al.* « oublient » de citer cet article des auteurs qu'ils critiquent. Quant à eux, ils font exactement ce qu'ils reprochent (à tort) à leurs adversaires : ils ne fournissent pas une seule valeur de comptage, ce qui empêche toute analyse détaillée de leurs résultats.

En réponse à une lettre de Benveniste demandant leurs données brutes, ils refusèrent, en déclarant qu'ils ne les fourniraient qu'à « un statisticien compétent ». Pour analyser ce qu'il est possible d'analyser des résultats de Hirst *et al.* dans ces conditions, je considérerai tour à tour chacun des trois tests statistiques présentés au chapitre 2.

Test n°1

Il s'agissait de la comparaison du nombre des basophiles pour des dilutions équivalentes de témoin et d'aIgE. Cette comparaison est impossible dans les expériences présentées par Hirst *et al.* puisqu'ils n'ont pas utilisé les mêmes lots de sang pour le traitement A et C.

Test n° 2

Il s'agit de la comparaison des dispersions. Malgré les fluctuations dans la sensibilité des sangs, les auteurs rapportent des différences significatives entre les traitements A et C (ce qui correspondrait à une « mémoire » de l'eau). Les auteurs rapportent ce résultat[4] tout en se contentant d'en minimiser la portée.

Test n° 3

En apparence, le dispositif est voisin de celui qui correspond à l'expérience présentée au chapitre 2 : la comparaison de deux gammes de 25 hautes dilutions. Il n'en est rien, puisque les auteurs ont fractionné chaque gamme en trois parties de 8 dilutions, ce qui rend impossible le test n°3.

En conclusion, deux des trois tests présentés au chapitre 2 ne peuvent être effectués parce que les auteurs n'ont pas utilisé les mêmes lots de sang pour les comptages qu'il fallait comparer. Quant au test relatif aux dispersions des comptages, il semble donner un résultat positif, en dépit d'un dispositif qui aplatit les résultats.

Une dernière précision illustre combien les auteurs étaient peu désireux de trouver d'éventuels effets de hautes dilutions : sur une des expériences du traitement A (hautes dilutions aIgE agité) la sensibilité des basophiles est rigoureusement nulle pour l'aIgE à concentration pondérale[5] !

1. Hirst *et al.*, « Human basophil degranulation is not triggered by very dilute antiserum against IgE », *Nature*, 1993, *366*, p. 525-527.
2. Davenas *et al.*, « Human basophil degranulation is triggered by very dilute antiserum against IgE », *Nature*, 1988, *333*, p. 816-818.
3. Benveniste *et al.*, « L'agitation de solutions hautement diluées n'induit pas d'activité biologique spécifique », *C.R. Académie des Sciences de Paris*, 1991, *312*, série II, p. 461-466. Il faut souligner que les articles des *Comptes rendus*

sont recensés dans l'outil bibliographique international standard *Science Citation Index*. Par ailleurs, les articles publiés par les *Comptes rendus* contiennent un résumé important en anglais et tous les tableaux sont présentés en deux langues (français et anglais).

4. Cf. tableau 2.
5. Cf. la dilution 2 dans le graphique du haut de la figure 3.

Annexe 7

Les artefacts suggérés dans *Nature* pour tenter d'expliquer les expériences de hautes dilutions avec des basophiles

L'objectif principal de cette note est d'illustrer le parti pris de la revue *Nature* : celle-ci a publié des critiques des études de hautes dilutions sans aucun souci pour leur pertinence ou leur non-pertinence par rapport à l'article de Davenas *et al.* (et aux données non publiées qui accompagnaient l'article). Ce parti pris s'est ensuite manifesté lors du refus de publier la reproduction des expériences qui avait été supervisée et signée par Spira, puis par la publication de l'article de Hirst *et al.* analysé dans l'annexe 6 et enfin par le refus de publier les critiques détaillées de Benveniste et Spira à l'article de Hirst *et al.* [1].

Entre le 28 juillet et le 20 octobre 1988, sept suggestions ont été présentées sous la forme d'une lettre à l'éditeur de *Nature*, pour tenter d'expliquer les résultats de Davenas *et al.* autrement que par l'hypothèse d'une mémoire de l'eau : *a*) Lasters et Bardiaux (1988) [2], *b*) Danchin (1988) [2], *c*) Suzlick (1988) [2], *d*) Glick (1988) [2], *e*) Escribano (1988) [2], *f*) Schilling (1988) [2], *g*) Shakib (1988) [2].

La lettre *a* propose de rendre compte des « vagues » de dilution par la disposition en matrice des plaques qui sont examinées au microscope. Les auteurs suggèrent une contamination d'un point de la plaque vers les quatre points adjacents.

La lettre *b* suggère un modèle destiné à rendre compte de la nécessité de l'agitation et du fait que l'activité n'est observée que si le produit actif est présent au départ. Ce produit provoquerait l'extraction d'ions de la surface du tube, ions qui eux-mêmes provoqueraient l'extraction d'autres ions dans les dilutions successives.

Ce seraient ces ions qui provoqueraient la perte de coloration observée.

La lettre *c* suggère que l'agitation provoquerait une cavitation locale entraînant une élévation de température importante (5 000°C). Cette cavitation provoquerait une rupture des liens chimiques de certaines molécules du tampon. Ce seraient les résidus de cette dénaturation chimique qui provoqueraient les effets observés sur la coloration des basophiles.

La lettre *d* suggère que c'est l'un des constituants du tampon (l'héparine) qui produirait les effets observés.

La lettre *e* suggère que le produit actif serait lié à un des constituants du tampon, dont il se détacherait pendant l'agitation.

La lettre *f* suggère que le produit actif serait le résultat de la dénaturation du produit d'origine, qui échapperait à la dilution en se rassemblant au sommet du tube.

La lettre *g* suggère d'attribuer la perte de coloration à un phénomène spontané. Certains sujets auraient sur leurs basophiles un produit qui provoquerait la perte de coloration. D'après cette proposition, la différence entre l'effet positif d'une gamme active et l'effet négatif d'une gamme de contrôle serait d'origine purement temporelle.

Dans le tableau ci-contre, j'ai indiqué la pertinence de chacune de ces suggestions par rapport à l'article de Davenas *et al.* critiqué.

Dans ce tableau, les lignes correspondent au type d'expérience. Les colonnes correspondent au type d'artefact proposé pour expliquer les résultats de ces expériences. Pour une ligne et une colonne données, le zéro indique que l'observation contredit l'hypothèse avancée. C'est ainsi par exemple que l'idée d'une contamination entre les puits contigus de la matrice de comptage (hypothèse *a*) n'est pertinente que dans le cas d'un comptage séquentiel des effets des dilutions successives.

	Artefact proposé						
	a	*b*	*c*	*d*	*e*	*f*	*g*
Perte de coloration des dilutions agitées	0	1	1	0	1	1	1
Comparaison entre deux gammes préparées de la même façon	1	1	0	0	0	1	0
Expériences en aveugle	0	1	1	1	1	1	0
Phénomènes de « vague » *	1	0	0	0	0	0	0
Constance du niveau des vagues	0	0	0	0	0	0	0
Expérience d'inhibitions **	0	0	0	0	0	?	0
Expériences de chauffage ***	0	?	0	?	?	?	0

Elle n'explique ni les résultats obtenus en aveugle pour les vagues, ni la persistance du niveau de ces vagues, ni l'inhibition par des hautes dilutions d'un autre produit chimique (Histamine, Apis Mellifica et Poumon histamine). Enfin, l'hypothèse d'une contamination par les premières dilutions est contraire au résultat des expériences qui ont permis d'analyser la sensibilité de l'activité des hautes dilutions à certains processus physiques : agitation et chauffage.

En faisant le bilan, on voit que chacune des hypothèses publiées par *Nature* est en contradiction avec deux à six des observations déjà publiées par les auteurs critiqués.

1. Six mois plus tard, *Nature* n'avait pas publié une seule ligne de ces critiques.
2. On trouvera la référence dans l'annexe 10, qui est consacrée à l'analyse de tous les articles citant Davenas *et al.*

---

* Il s'agit de la variation pseudo-périodique du nombre des basophiles avec le niveau de dilution.

** Il s'agit d'expériences dans lesquelles on observe à la fois une vague de décoloration par des dilutions d'aIgE et l'inhibition de cette vague par une haute dilution d'un autre produit tel que l'histamine. Ces expériences d'inhibition avaient été publiées avant même celles décrites dans *Nature* (Poitevin, Davenas et Benveniste, 1988).

*** Ces expériences sont évoquées dans l'article de Davenas *et al.* Par ailleurs, leurs résultats détaillés avaient été communiqués à *Nature* longtemps avant la publication.

Annexe 8

Un exemple de confusion entre une fraude, une erreur et une découverte scientifique : les déviations à la loi de Poisson dans le comptage des basophiles

La manière dont les enquêteurs de *Nature* ont traité la question des dispersions dans les comptages de basophiles illustre leur aveuglement. Après avoir photocopié les livres de laboratoire de Davenas, Stewart a effectué à la hâte une analyse qui a été publiée deux fois par *Nature* [1] puis abondamment citée ensuite par les détracteurs des expériences sur les hautes dilutions.

Le procédé utilisé par les enquêteurs à propos des fluctuations statistiques montre qu'ils étaient beaucoup plus soucieux de discréditer les expériences sur les hautes dilutions que d'en évaluer le bien-fondé. En effet, la question scientifique n'était pas de savoir si, quand elle mesurait deux fois le *même* échantillon, Élisabeth Davenas sous-estimait la différence entre les deux comptages. Il n'était pas nécessaire de venir avec un prestidigitateur et un détecteur de fraude pour « découvrir » ce fait, puisqu'il apparaît en toute clarté dans l'article de Davenas *et al.* publié par *Nature* dans chacune des quarante valeurs de dispersion publiées.

Le point important concernait la dispersion du nombre des basophiles dans des comptages effectués *en aveugle sur des dilutions différentes mélangées par le codage*. Les valeurs de dispersion rapportées par Davenas *et al.* dans leur article (dont Stewart fit grand cas, comme s'il « découvrait » quelque chose) concernaient des mesures *répétées de comptage*. La procédure en aveugle mélangeait les dilutions *mais pas les doublons*. Après la visite des détecteurs de fraude, les chercheurs ont tenté d'étudier en aveugle la dispersion des doublons et des triplicates sur une gamme de dilution puis y ont renoncé.

À partir des livres de laboratoire, j'ai fait ce que Stewart aurait dû faire : analyser la dispersion des comptages en aveugle sur les gammes témoins. Les valeurs de dispersion ainsi obtenues atteignent rarement des valeurs aussi élevées que pendant l'enquête de Maddox ou des valeurs aussi faibles que celles exhibées par Stewart. On voit le genre d'aberrations auxquelles conduit une analyse dans laquelle on ne se soucie pas des conditions d'obtention des données.

La valeur « réelle » de la dispersion des nombres de basophiles est la valeur *minimale* que l'on puisse observer, dans les meilleures conditions possibles. Dans les expériences qui ont été réalisées en aveugle à Clamart, la valeur observée pour les dispersions variait beaucoup suivant les conditions. En particulier, il semblerait que des expériences réalisées en aveugle pendant plusieurs mois sans aucun retour puissent favoriser une dérive de la précision des comptage. Cette dérive provient sans doute de la difficulté d'un contrôle rigoureux des conditions de préparation des cultures de cellules en l'absence de tout feed-back.

Quand on compte le nombre de basophiles contenus dans des échantillons de contrôle qui, en principe, ont le même volume et la même concentration, on peut être influencé par la connaissance du fait qu'il s'agit d'échantillons « identiques ». Le risque de biais de comptage a conduit à multiplier les expériences en aveugle, dans lesquelles les échantillons sont mélangés au hasard[2]. Malgré cette précaution, les variances demeurent trop faibles pour les échantillons de contrôle par rapport à ce que l'on attendrait d'après la loi de Poisson.

Comme les autres « lois » qui sont exprimées sous une forme mathématique, les lois statistiques ont un caractère hybride. Elles résultent à la fois d'hypothèses sur la nature physique des phénomènes analysés et d'enchaînements rigoureux de raisonnements mathématiques. À propos de cette nature hybride, il convient de rappeler que « pour autant que les propositions mathématiques se rapportent à la réalité, elles ne sont pas certaines ; et, pour autant qu'elles sont certaines, elles ne se rapportent pas à la réalité[3] ».

La mise en défaut d'une « loi » statistique telle que la loi de Poisson signifie souvent que l'on a commis une erreur expérimentale, mais ce n'est pas la seule possibilité. Comme pour n'importe quelle « loi », la non-conformité observée peut aussi signifier que, parmi les hypothèses qui sous-tendent l'application de cette loi, une au moins n'est pas vérifiée.

Une des hypothèses qui sous-tendent la loi de Poisson est l'indépendance entre les comptages successifs. Comme dans tout cas d'anomalie, on peut envisager qu'il s'agit d'un phénomène réel et chercher une explication, qu'il faudra ensuite tester. Dans ces conditions, l'anomalie observée peut devenir une piste pour la découverte éventuelle d'un phénomène nouveau. L'explication la plus simple mettrait en cause l'hypothèse qui conduit à la formule de Poisson, à savoir l'absence d'interaction entre les basophiles présents dans le petit volume occupé en moyenne par un seul basophile. Une autre possibilité serait que le nombre des basophiles présents dans ce petit volume obéisse bien à la loi de Poisson, mais pas le nombre des basophiles effectivement rendus visibles par coloration.

L'hypothétique interaction entre basophiles présents dans un petit volume peut être soit directe (entre basophiles), soit indirecte (par l'intermédiaire des globules rouges, qui sont très majoritaires). En cherchant dans la littérature, j'ai trouvé un exemple d'observation de cellules du sang humain qui semble indiquer l'existence d'interactions à longue portée entre ces cellules [4]. S'il existait une légère corrélation attractive entre globules rouges et basophiles, le nombre qui sert de base au calcul de la variance serait supérieur au nombre des basophiles, ce qui ferait baisser la variance de ceux-ci en valeur relative. Une autre possibilité serait que les basophiles se repoussent légèrement, ce qui, à la limite, les conduirait à obéir à un « principe d'exclusion », comme les atomes d'un cristal, sans aucune variance dans leur concentration.

Une troisième possibilité serait liée au processus de coloration lui-même. Imaginons que ce processus modifie l'environnement immédiat du basophile (migration d'ions, changement du potentiel de membrane, etc.), d'une façon qui inhibe la coloration du basophile le plus proche. Dans ces conditions, on ne verrait jamais qu'un basophile sur deux. Si le nombre des basophiles fluctue suivant la loi de Poisson (variance égale à la moyenne) sa moitié colorée s'en écartera considérablement : la valeur « théorique apparente » serait la moitié de celle attendue d'après la loi de Poisson *stricto sensu*.

En résumé, les enquêteurs de *Nature* ont fait trois amalgames à propos de la loi de Poisson :

1) entre des comptages répétitifs et des comptages en aveugle,

2) entre une déviation à une loi statistique qu'il convient d'analyser et une fraude,

3) entre une « anomalie » qui serait attribuable aux hautes dilutions et une anomalie de la réaction de coloration des basophiles.

Avant de conclure, je signale que des chercheurs de Nancy avaient publié en 1981[5] (soit sept ans avant l'« affaire Benveniste ») un article sur le comptage des basophiles dans lequel ils avaient mis en évidence une déviation importante à la loi de Poisson à partir du moment où ceux-ci avaient été assez concentrés par centrifugation. En rapprochant l'étude de Rowland des idées exposées au chapitre premier, on voit que le travail des chercheurs de Nancy pourrait peut-être constituer une mise en évidence d'effets quantiques collectifs liés à la concentration.

Mon propos n'était pas de fournir l'explication d'une anomalie statistique, mais de montrer qu'il existait d'autres points de vue possibles sur cette anomalie que l'accusation d'incompétence ou de fraude. Ma démarche illustre une vérité de la Palice souvent rappelée dans le texte : on ne peut trouver de réponse à une question que si on la cherche. Le moins que l'on puisse dire est que les protagonistes n'ont pas cherché à approfondir la question de la variance du nombre de basophiles rendus visibles au microscope par un colorant.

Benveniste, Davenas et Poitevin avaient l'excuse de croire cette question sans importance pour leur étude. Leurs détracteurs n'avaient pas cette excuse puisqu'ils en ont fait le fer de lance d'une campagne de dénigrement systématique des expériences sur les hautes dilutions. Du point de vue de la naïveté statistique, le discours de Maddox, repris ensuite par plusieurs détracteurs des expériences sur la mémoire de l'eau, peut faire penser à la fameuse histoire de la paille et de la poutre. On en revient toujours aux deux pôles de la censure scientifique : l'aveuglement et le rapport de force qu'implique le fardeau de la preuve.

1. J. Maddox, J. Randi et W. W. Stewart, « High-dilution experiments a delusion », *Nature*, 1988, *334*, 287-290 ; J. Maddox, « Waves caused by extreme dilutions », *Nature*, 1988, *335*, p. 760-763.
2. À ce propos, je rappelle que les chercheurs de l'Unité 200 de l'INSERM n'ont pas attendu d'être accusés d'incompétence et de fraude pour faire des expériences en aveugle : dix jours après la découverte de ce qu'ils appelaient la « deuxième courbe », soit deux ans et demi avant l'enquête de *Nature*, ils ont commencé par faire plus de trente expériences en aveugle, impliquant douze personnes différentes dans le codage.
3. Einstein, cité par Hon, « Towards a typology of experimental errors : an epistemological view », *Studies in the History and Philosophy of Science*, 1989, *20*, p. 469-504 (p. 471).
4. Rowland *et al.*, « A Fröhlich interaction of human erythrocytes », *Physics Letters*, 1981, *82 A*, p. 436-438.
5. Gérard *et al.*, « Le test de dégranulation des basophiles humains (TDBH). Intérêt d'une leucoconcentration et du calcul statistique appliqué au taux de dégranulation », *Pathologie Biologie*, 1981, *29*, p. 137-182. Dans ce travail, la densité des basophiles est fonction de la centrifugation utilisée pour accroître leur concentration par rapport aux globules rouges.

Annexe 9

Lettres à propos du soupçon de fraude

Les quatre premières lettres reproduites portent sur le soupçon de fraude, après une séance publique d'expériences de transmission que j'ai gérée à l'hôpital Cochin le matin du 13 mai 1993. La dernière est plus récente et évoque moins directement la question du soupçon.

Lettre de J. Benveniste à G. Charpak, le 14 mai 1993

Monsieur,

Je suis assez inquiet de l'évolution des choses. Vous êtes, je le crois, conscient de la gravité que le simple usage du mot « fraude » peut avoir. La fraude n'a jamais été évoquée sauf par des journalistes irresponsables, qui ont été condamnés par les tribunaux faute de la moindre preuve. Je regrette que vous n'ayez pas été présent lors de l'expérience de codage du 13 mai. Son déroulement vous aurait clairement montré que toutes les précautions ont été prises pour qu'aucun système de reconnaissance ne soit possible. Il ne s'agit pas de combattre une fraude dont, encore une fois, il ne peut être question pour qui que ce soit dans ce laboratoire, mais simplement d'éviter que des techniciens puissent être influencés. Remarquons qu'ils reçoivent des seringues numérotées remplies par une autre technicienne du laboratoire et ne voient donc pas les tubes d'origine.

Lorsque nous avons appris votre venue, nous avons dit : « Enfin ! un scientifique ! » C'est donc un crève-cœur de vous voir reprendre des ragots dont nous croyions être débarrassés depuis 1988. Le « quelqu'un fraude dans le dos de Benveniste » était l'échappatoire du groupe de *Nature*, avec son magicien. Il y a actuellement au moins 10 personnes impliquées dans cette recherche, et je les ai tous involontairement mis à l'épreuve. Tous les scientifiques choisissent leurs meilleurs résultats, dès lors qu'ils sont convaincus d'avoir démontré leur hypothèse. Pas nous, nous montrons tout, à tout le monde, au risque d'en voir sortir de la désinformation de la pire espèce. Monsieur, agissez en scientifique, pas en flic. Ce que nous avons trouvé, presque par hasard, est en effet énorme. L'enjeu nous dépasse, vous et moi. Cela ne justifie ni ne tolère les approches médiocres. Vous ne comprenez pas ? Moi non plus. Mais ça existe. Contribuez à faire naître la vérité. Au mieux, ou au pire, vous ne la retarderiez que de quelques mois, au train où va maintenant la mise au point de systèmes tests toujours plus faciles à mettre en œuvre et plus démonstratifs.

Pour votre difficulté, partagée par beaucoup, de comprendre ce qui se passe avec cette machine, je ne vous apprendrai pas que l'argument « je ne comprends pas donc ça n'existe pas » n'a que trop servi dans le passé pour avoir la moindre crédibilité. Nous ferons bientôt des expériences de couplage direct des deux bobines pour savoir si l'amplificateur est indispensable. Mais je vous rappelle qu'il suffit de tourner le potentiomètre de quelques millimètres pour que la fréquence induite 1 000 Hz disparaisse et que le transfert ne se fasse plus. Ce n'est pas le comportement d'un morceau de bois. Et même si c'est un morceau de bois, il reste que nous conférons à de *l'eau*, avec ce morceau de bois, une *activité antigénique complexe* ! Encore plus fort...

Cependant, le moyen le plus simple de couper court à toute évocation de fraude est de faire l'expérience vous-même dans votre laboratoire. C'est, je vous le rappelle, ce que je vous avais proposé au lieu de Cochin. L'expérience serait faite en présence de deux observateurs extérieurs désignés par vous et par nous *, témoignant que les transferts se passent selon le protocole établi. Je pars aux USA à l'Ascension pour dix jours. Nous pourrons voir à mon retour comment établir un protocole. Cette expérience lèverait tous les doutes puisque malheureusement il en persiste depuis 5 ans chez

* Par exemple, le Pr Spira, président de la CSS10 de l'INSERM.

quelques individus, en apparence hautement contaminants. Cependant j'attire à nouveau votre attention sur le fait que si nous pratiquons ces pantomimes expérimentales à cause de scientifiques qui n'admettent pas, aujourd'hui comme hier, un résultat qui dérange les théories établies, il n'en reste pas moins que cette attitude est antidéontologique. Le mode normal de fonctionnement de l'institution est de juger un résultat pour lui-même et pas à l'aune de ses conséquences scientifiques, et pourquoi pas économiques ou politiques (Lyssenko). Toute autre démarche conduit à l'arbitraire et à la stérilisation de la recherche, tout résultat déviant étant suspect, donc à flinguer. Une fois prises les précautions *habituelles* pour s'assurer de la validité (et ceci est plus que le cas dans l'histoire actuelle) tout fait doit être publié, à charge pour les scientifiques de le valider ou de l'infirmer dans les années qui suivent. Si on doit le reproduire *avant* de l'imprimer, la recherche s'arrête. Planck pourrait-il échapper aujourd'hui aux referees de *Nature* ?

C'est pourquoi, après ces deux expériences en aveugle je ne ferai qu'une seule autre vérification : la reproduction de l'expérience chez Coraboeuf qui, bien qu'elle soit aussi une entorse au comportement scientifique habituel, devrait autoriser le retour à une discussion scientifique normale. Mais d'abord, il faut que vous fassiez un transfert de vos propres mains. Après tout, c'est ce qu'a fait Eccles, pour constater que Loewi avait raison et lui, Eccles, tort. Vous êtes homme d'honneur : vous ne pouvez tenir des propos déshonorants pour un collègue et refuser une vérification qui clorait la rumeur.

Je vous remercie et vous prie de croire à mes meilleurs sentiments.

J. Benveniste

Lettre de M. Schiff à G. Charpak, le 16 mai 1993

Monsieur,

J'ai appris vendredi dernier par Monsieur Benveniste que le rapport que vous avait fait Monsieur Lewiner (ou Monsieur Hennion, je ne sais pas) à propos de la série de 4 démonstrations que j'ai gérées le jeudi 13 mai à l'Unité 332 de l'INSERM à Cochin avait conduit à vous convaincre que cette série de démonstrations devait être entachée de fraude, fraude dont j'étais sans doute l'agent. Dans une affaire aussi complexe et aussi délicate, le fait de passer par des intermédiaires augmente les difficultés de la communication. C'est pourquoi je préfère m'adresser directement à vous.

Puisqu'il semble que mon comportement vous ait conduit à certaines hypothèses de caractère psycho-épistémologique, il est naturel qu'à mon tour je présente mes propres interprétations. Vous trouverez ci-joint une analyse que j'ai publiée l'an dernier à propos de ce que j'ai appelé le « refoulement épistémologique ». Votre propre comportement dans cette affaire me semble illustrer ce que j'écrivais dans ce texte :

1) À la suite du refus du directeur général de l'INSERM d'autoriser Preparata ou Del Giudice à venir exposer leur théorie des domaines cohérents, théorie qui pour l'instant me semble la plus prometteuse pour résoudre l'anomalie épistémologique que représentent les expériences de Benveniste sur la mémoire de l'eau, j'ai été conduit à me substituer à eux pour vous exposer ce que je croyais comprendre de leur théorie. Aux textes qui vous avaient été remis sur cette théorie et à l'exposé introductif que j'ai fait lors de votre visite du 21 avril 1993, il m'a semblé que vous répondiez par un argument d'autorité : alors que je m'étais efforcé, avec mes faibles compétences d'ancien physicien, d'exposer la théorie des domaines cohérents et ses liens éventuels avec la mémoire de l'eau, vous m'avez semblé réagir par un argument d'autorité, expliquant que vous aviez consulté Monsieur De Gennes, qui lui-même s'était référé à Monsieur Nozières, lequel aurait déclaré sans valeur la théorie des domaines cohérents.

2) Lors de ce même exposé du 21 avril, vous avez fait allusion à la possibilité d'une mystification, en racontant une anecdote de votre passé de chercheur chez Joliot-Curie : à l'occasion d'un tour de passe-passe, Joliot aurait demandé aux chercheurs présents : « Où est le truc ? » Vous conviendrez avec moi que le rapport de force et la situation ne favorisaient pas une discussion sereine sur ce point. C'est pourquoi j'ai préféré ne pas relever votre propos.

3) Alors que je croyais que vous aviez fait savoir que vous assisteriez à la démonstration du 13 mai, vous avez délégué deux personnes pour vous représenter.

4) Il semblerait que vous ayez interprété mon mouvement d'humeur passager et le fait que je me sois opposé à ce que vos délégués interfèrent avec l'expérience en cours pour en conclure

qu'il devait y avoir fraude. Au cas où vos informateurs auraient omis de le faire, je vous signale que j'ai insisté pour qu'ils se placent en position d'observer au moins une des quatre expériences et que j'ai insisté pour qu'ils acceptent la position d'observateur-participant et de témoin décrite dans le protocole qui devait vous avoir été envoyé. Devant leur refus, j'ai insisté pour qu'ils assistent au moins à une des quatre expériences. En réalité, ils ont passé la moitié seulement d'une seule expérience dans la salle de démonstration. Ce qui a provoqué mon mouvement d'humeur a été le fait que, au lieu d'observer le déroulement des opérations en cours, ils ont tourné le dos à l'appareil pour se livrer à une discussion avec Benveniste sur la fraude et sur l'« ouverture » de la communauté scientifique, qui ne serait pas aussi bornée que le prétendrait Benveniste. Avouez qu'il y avait de quoi perdre son sang-froid !

Concrètement, je propose que vous déléguiez une personne de l'ESPCI ou d'ailleurs pour négocier avec Monsieur Benveniste et avec moi un protocole de démonstration susceptible de modifier votre point de vue quant à l'existence ou la non-existence de la dissociation d'un signal chimique de son support moléculaire d'origine. Au cas où votre hypothèse de fraude ne serait pas susceptible d'être modifiée, il n'y aurait évidemment pas lieu de chercher des modifications de protocole : n'étant pas susceptible d'être réfutée par l'expérience, cette hypothèse apparaîtrait comme non scientifique, au moins au sens où l'entend Popper. Comme je l'indiquais dans le protocole, tel était l'enjeu scientifique des expériences : celle à laquelle vous avez assisté le 21 avril et celles pour lesquelles vous vous étiez fait représenter le 13 mai.

Je terminerai cette lettre par une note plus personnelle et moins épistémologique. Comme je vous l'avais dit le 21 avril, je me réjouissais de la perspective d'une collaboration avec mon ancienne Alma-Mater pour tirer au clair une énigme scientifique. Jusqu'ici, je dois avouer que j'ai été déçu, mais je n'abandonne pas tout espoir de voir la raison triompher, à l'École de Physique et Chimie et ailleurs.

Michel Schiff, ancien élève de l'ESPCI
(promotion n° 71 : 1952-1956)
Chargé de recherche au CNRS

P.J. : Chapitre intitulé : « Je ne veux pas le savoir : le refoulement scientifique à l'état pur » (*L'Homme occulté : le citoyen face au scientifique*, 1992, Editions Ouvrières, p. 68-78).

Copie à : Jacques Benveniste (INSERM, Unité 200, Clamart) ; Jacques Lewiner et Claude Hennion (ESPCI, Paris) ; Emilio del Giudice et Giulano Preparata (Université de Milan) ; Isabelle Stengers (U. L. de Bruxelles)

Lettre de J. Lewiner à M. Schiff, le 18 mai 1993

Monsieur,

J'ai reçu une copie de la lettre que vous avez adressée le 16 mai à Monsieur Charpak et il me semble important de lever la mauvaise interprétation qui semble s'être développée suite à notre visite du 13 mai.

En effet, à notre retour, nous avons fait part à Monsieur Charpak de notre sentiment sur la procédure expérimentale choisie et nous avons proposé à une procédure très légèrement différente qui nous semblait susceptible, soit de convaincre la communauté scientifique de l'intérêt de vos expériences, soit de montrer la nécessité d'expériences complémentaires.

En aucun cas nous n'avons prétendu que la série de démonstrations que vous conduisiez était entachée de fraude, *a fortiori* de fraude dont vous auriez été l'agent.

Nous allons donc proposer à Monsieur Charpak un processus expérimental qui, s'il l'estime intéressant vous sera sans doute soumis.

Dans cette attente,

Je vous prie de croire, Monsieur, à l'expression de mes sentiments distingués,

J. Lewiner

Lettre de G. Charpak à J. Benveniste, le 19 mai 1993

Cher Monsieur Benveniste,

Veuillez excuser mon retard à répondre à vos messages. Des voyages et des conférences m'ont empêché d'être disponible.

J'ai toutefois tenu à ce que deux de mes collaborateurs de l'École de Physique et Chimie aillent à Cochin, car leur collaboration est essentielle pour des essais dans leur laboratoire. Ils m'ont confirmé que l'amplificateur oscillait de façon permanente. Mais, à la réflexion, je n'ai pas l'intention d'en tirer, pour le moment, une conclusion.

L'effet que vous observez, et vous dites qu'il est aisément reproductible, n'a besoin que d'un test simple. Une vingtaine d'ampoules d'eau, dont certaines ont été sensibilisées par votre méthode, suivant un protocole fixé par vous et sans que vous puissiez connaître la distribution des ampoules, devrait permettre un test objectif.

Il y a eu lors de la visite de mes collaborateurs à Cochin, une petite discussion avec Monsieur Schiff, car ils avaient pensé observer, dans la phase de vibration des ampoules, une possibilité de marquer les ampoules sensibilisées. Cela ne veut nullement dire que cette possibilité était utilisée. Mais il est clair qu'il ne doit subsister aucun doute. Il sera aisé à Monsieur Spira de fixer un protocole qui interdise tout soupçon.

Je vous prie d'agréer, cher Monsieur Benveniste, l'expression de mes sentiments les meilleurs.

Georges Charpak

cc. M. Coraboeuf
M. Hennion
M. Lazar
M. Lewiner
M. Spira

Lettre de J. Benveniste à G. Charpak, le 24 janvier 1994

Mon cher collègue,

Je vous remercie de votre lettre du 18 janvier contenant la copie de votre lettre à F. Nouchi. L'article de ce dernier paraissait clair puisqu'il rapportait un de vos propos sans omettre le conditionnel : « *si c'était vrai*, ce serait... » Il ne s'agissait pas de vous faire avaliser ces résultats, mais plutôt de s'étonner que, même s'il y a une chance sur mille pour qu'ils soient vrais, la « communauté » scientifique laisse échapper « la plus grande découverte depuis Newton ». Je saisis cette occasion de vous dire directement mon regret que notre collaboration ne soit pas plus étroite. Nonobstant votre indépendance, vous devez comme moi être sous la pression des scientifiques arc-boutés sur leurs certitudes. J'avais espéré qu'à la suite de votre visite une collaboration plus confiante, étroite, soutenue, s'établirait entre l'ESPCI et mon laboratoire.

Je vous rappelle que, lors de votre venue avec la délégation de l'INSERM le 21 avril 1993, aucune critique méthodologique ou hypothèse d'artefact n'a été émise par ce groupe dont on ne peut contester le niveau scientifique et l'expérience. On ne peut donc pas invoquer un artefact, comme une litanie, sans en proposer qui soient crédibles et expérimentalement vérifiables. Or, à ce jour, aucun n'a résisté à l'examen le plus superficiel. En particulier, je n'ai rien reçu de vous et ce que j'ai reçu de De Gennes a illustré une fois de plus la fragilité de l'intelligence devant le dogmatisme. Si tous les lauréats Nobel français plus Baruj Benaceraf n'ont pas jusqu'ici réussi à proposer un artefact, peut-on continuer à en parler, sauf à dissocier mot et pensée ? En l'absence de cet artefact mythique, l'immense majorité des scientifiques, dont vous-même, refuse en réalité de considérer ces résultats au nom du : « C'est impossible donc ça n'est pas. » La discussion scientifique n'a, sauf avec Alfred Spira et Michel Schiff, jamais dépassé ce stade. Je trouve un peu triste cette hétéronomie du jugement scientifique et ne peux comprendre la contradiction dont vous semblez vous accommoder : « C'est peut-être une découverte importante mais je ne fais rien pour favoriser son éclosion. » Je ne comprends pas plus votre acceptation sans discussion du jugement d'*un* physicien théoricien français. La faiblesse de la physique théorique française tout au long des multiples révolutions paradigmatiques du siècle est un fait historique. De la relativité à la physique quantique, tout a toujours été nié par les « experts ». Une avancée théorique qui permettrait de jeter quelque lumière sur la structure de la matière condensée et qui a déjà démontré sa puissance par des vérifications de constantes établies ne peut être rejetée d'un revers de main. Pourquoi ne pas organiser un séminaire sur ce sujet ? La fécondité de la théorie quantique doit nous rendre prudents... et actifs.

Au cours de la visite du 21 avril, vous avez participé à une expérience : quatre tubes d'eau vierge ont été choisis au hasard par les visiteurs parmi une dizaine. Deux ont reçu une information

« transmise » et deux sont restés vierges. Ils ont ensuite été codés par vos soins, puis ces tubes n'ont jamais quitté un membre de la délégation. Avant ouverture du code, nous avons désigné le tube A, qui avait induit une réaction allergique semblable à l'ovalbumine authentique, comme étant l'ovalbumine « transmise », ce qu'il était. Où peut se situer l'erreur ? Par la suite vous avez demandé à refaire l'expérience dans votre laboratoire, hors de ma présence et « de toute personne ayant serré la main de Benveniste depuis trois mois ». C'était insultant mais j'ai accepté parce que la lâcheté qui prévaut chez mes pairs, notamment les biologistes, me laisse seul — avec la seule aide d'Alfred Spira — face à ce choix. Peut-être ai-je une vision « erronée de ce que doit être la vérification d'un fait scientifique » et, dans ce cas, je serais très heureux que vous m'indiquiez ce qu'elle est, mais il m'étonnerait que vous acceptiez de voir vos expériences subir une vérification de cet acabit. Considérez-vous vraiment que « les conditions de contrôle satisfaisantes pour un physicien » consistent à mettre « [ma] tête sur le billot » ? Je ne savais pas le monde de la physique si barbare... En fait, une vérification selon les modalités habituelles serait, comme vous l'aviez proposé, qu'un de vos collaborateurs vienne un à deux jours par semaine pendant un ou deux mois travailler dans notre laboratoire y compris, après quelques mises au point, en notre absence, si ça peut vous rassurer. Depuis mars 1993, nous avons fait sur ce mode une série de 80 expériences — ce qui est possible même à 15-20 % de réactivité des cœurs à concentration pondérale — en ouvert ou en aveugle. Vous avez reçu un tableau résumant ces résultats, qui atteignent une très haute significativité statistique. Mais pour faire une expérience « one shot or you are dead », il faut des cœurs réagissant de façon caricaturale comme l'un d'entre eux le jour de votre visite. Mes lettres successives montrent que ce n'est pas le cas pour l'instant.

En conclusion, je suis heureux que vous désiriez toujours collaborer avec nous. Certes je suis déçu que cette collaboration se déroule selon des règles scientifiques inhabituelles, sur le mode « roulette russe ». Cette ambiance traduit bien celle qui prévaut au sein de la « communauté » scientifique française — et pas seulement pour mon affaire — et contraste avec l'ouverture d'esprit que vous avez été seul jusqu'ici à manifester parmi les grands scientifiques français. Je suis cependant décidé à faire avec vous cette expérience dès que l'intensité et la régularité des réponses des cœurs seront redevenues ce qu'elles étaient au printemps dernier.

Je vous remercie et vous prie de croire à l'assurance de mes meilleurs sentiments.

J. Benveniste

Annexe 10

Les références sur l'affaire des hautes dilutions

Ouvrages généraux

K. Allbeury, « Histoire d'un procès scientifique : le cas de la mémoire de l'eau », mémoire de DEA de droit privé, université de Paris I, 1991-1992.

P. Alfonsi, *Au nom de la science*, 1989, Barrault-Taxi.

B. Chamak, « Étude d'un sujet de controverse : "la mémoire de l'eau" », mémoire de DEA d'épistémologie et d'histoire des sciences, université de Paris VII, 1991-1992.

A. Kaufmann, « L'affaire de la mémoire de l'eau. Éléments pour une sociologie de la construction des faits scientifiques », mémoire de doctorat en sociologie et anthropologie, université de Lausanne, session de juin 1991.

M. de Pracontal, *Les Mystères de la mémoire de l'eau*, 1990, La Découverte.

Articles citant Davenas et al.

Le critère d'inclusion d'une référence était que la revue correspondante fasse partie de la liste des revues recensées par *Science Citation Index*. La liste qui suit donne l'ensemble des articles que j'ai pu recueillir en langues française ou anglaise en 1993. La plupart de ces références figurent dans *Science Citation Index*, dans l'article de Garfield n° 22 ou dans la thèse de Kaufmann citée cidessus. Les références qui suivent sont classées par ordre alphabétique de périodiques puis par ordre alphabétique d'auteurs, le premier auteur étant seul cité. Le numéro qui suit une référence (par exemple le numéro 1 pour la première référence) sert à l'identifier dans ce qui suit.

American Scientist (Rousseau, 1992, *80*, 54-63) [1]

Biochem. Biophys. Research Comm. (Kahn, 1990, *166*, 1039-1046) [2]

Biol. J. Linnean Soc. (Berezin, 1988, *35*, 199-203) [3]

British Journal of Clinical Pharmacology (Ernst, 1990, *30*, 173-174) [4], (Ferley, 1989, *27*, 329-335) [5], (Ferry, 1991, *32*, 39-44) [6]

British Medical Journal (Davies, 1989, *299*, 918) [7], (Fisher, 1988, *297*, 618) [8], (Grange, 1990, *300*, 47) [9], (Smith, 1988, *297*, 377-378) [10], (Wall, 1989, *299*, 1401)[11]

Canadian Medical Association Journal (Morgan, 1992, *146*, 1719-1720)[12], (Richmond, 1992, *147*, 97-98)[13]

Canadian Veterinary Journal (Scrimgeour, 1990, *31*, 336)[14]

Chemical Engineering News (Dagani, 1988, *66*, 6)[15]

Comptes rendus de l'Académie des Sciences (Benveniste, 1991, *312*, 461-466)[16], (Jacques, 1990, *310*, 1437-1439)[17]

Critic. Reviews Oncology/Hematology (Valent, 1990, *10*, 327-352)[18]

Current Contents (Anonyme, 1988, n° 39, 9-10)[19], (Anonyme, 1989, n° 13, 8-10)[20], (Beaven, 1990, n° 21, 6-8)[21], (Garfield, 1989, n° 13, 3-7)[22], (Garfield, 1990, n° 21, 3-5)[23]

Dermatology (Aberer, 1991, *182*, 253)[24]

European Journal of Pharmacology (Sassard, 1990, *183*, 384)[25]

Experientia (Ovelgönne, 1992, *48*, 504-508)[26]

Genetics (Stahl, 1992, *132*, 865-867)[28]

Journal de Chimie Physique (Berg, 1990, *87*, 497-515)[29]

Journal de Médecine nucléaire et de Biophysique (Demangeon, 1992, *16*, 135-145)[30], (Spira, 1992, *16*, 105-106)[31]

J. of Allergy Clinical Immunology (Beauvais, 1991, *87*, 1020-28)[32]

Journal of Nuclear Medicine (Scott, 1992, *33*, 407-409)[33]

J. of the Amer. Mosquito Control Soc (Mehr, 1990, *6*, 469-476)[34]

J. Roy. Coll. General Practitionners (Swayne, 1989, *39*, 503-506)[35]

J. of the Royal Society of Medicine (Lewith, 1990, *83*, 543-544)[36]

Lancet (Anonyme, 1988, Jul. 9, 117)[37], (Anonyme, 1988, Aug. 6, 347)[38], (Benveniste, 1990, Oct. 13, 944)[39]

Medical Hypotheses (Berezin, 1990, *31*, 43-45)[40]

Nature (Anonyme, 1988, *333*, 787)[41], (Anonyme, 1988, *334*, 367)[42], (Anonyme, 1989, *340*, 82)[43], (Benveniste, 1988, *334*, 291)[44], (Benveniste, 1988, *335*, 759)[45], (Bland, 1988, *335*, 109)[46], (Bonini, 1988, *334*, 559)[47], (Claire, 1988, *335*, 584)[48], (Clemens, 1988, *335*, 292)[49], (Coles, 1988, *334*, 372)[50], (Coles, 1989, *340*, 89)[51], (Coles, 1989, *340*, 178)[52], (Coles, 1989, *341*, 7)[53], (Danchin, 1988, *334*, 286)[54], (Doublet-Stewart, 1988, *335*, 200)[55], (Dunthorn, 1988, *335*, 664)[56], (Escribano, 1988, *334*, 376)[57], (Fierz, 1988, *334*, 286)[58], (Findlay, 1988, *335*, 292)[59], (Fisher, 1988, *335*, 292)[60], (Friedjung, 1988, *334*, 646)[61], (Gaylarde, 1988, *334*, 375)[62], (Gibson, 1988, *335*, 200)[63], (Gillman, 1988, *335*, 292)[64], (Glick, 1988, *334*, 376)[65], (Grimwade, 1988, *335*, 292)[66], (Johnson, 1988, *335*, 392)[67], (Jonas, 1988, *335*, 292)[68], (Lane, 1988, *335*, 109)[69], (Lasters, 1988, *334*, 285)[70], (Lipowicz, 1988, *335*, 109)[71], (Maddox, 1988, *334*, 287)[72], (Maddox, 1988, *335*, 760)[73], (Metzger, 1988, *334*, 375)[74], (Miller, 1989, *340*, 498)[75], (Neville, 1988, *335*, 200)[76], (Nisonoff, 1988, *334*, 286)[77], (Opitz, 1988, *334*, 286)[78], (Petsko, 1988, *335*, 109)[79], (Plasterk, 1988, *334*, 285)[80], (Reilly, *334*, 285)[81], (Rothhaupt, 1988, *335*, 758)[82], (Schilling, 1988, *335*, 584)[83], (Scott, 1988, *335*, 292)[84], (Seagrave, 1988, *334*, 559)[85], (Shakib, 1988, *335*, 664)[86], (Shoup, 1988, *335*, 664)[87], (Snell, 1988, *334*, 559)[88], (Stanworth, 1988, *335*, 392)[89], (Suslick, 1988, *334*, 375)[90], (Taylor, 1988, *335*, 200)[91], (Timmerman, 1991, *352*, 751)[92], (Van Valen, 1988, *335*, 664)[93], (Von Hahn, 1988, *335*, 664)[94]

New Biologist (Martin, 1991, *3*, 409-411)[95]

New Scientist (Anonyme, 1988, 8 sept., 33)[96], (Cherfas, 1988, 5 nov., 25)[97] (Concar, 1991, 16 mars, 10)[98], (Patel, 1993, 23 oct., 10)[99], (Vines, 1988, 14 juil., 39)[100], (Vines, 1988, 4 août, 30-31)[101]

New Zealand Medical Journal (Welch, 1989, *102*, 202)[102]

Quarterly J. Royal Astronomical S. (de Jager, 1990, *31*, 31)[104]

La Recherche (Anonyme, 1988, *19*, 1005)[105], (Anonyme, 1988, *19*, 1149)[106], (Anonyme, 1992, *23*, 1224)[107], (Ourisson, 1993, *24*, 1014-1015)[108]

Science (Benveniste, 1988, *241*, 1028)[109], (Dickson, 1989, *245*,

248)[110], (Maddox, 1988, *241*, 1585-1586)[111], (Pool, 1988, *241*, 407)[112], (Pool, *241*, 658)[113], (Relman, 1988, *242*, 348)[114]

The Scientist (Benveniste, 1988, *2*, 10)[115], (Dixon, 1988, *5 sept.*, 1)[116], (Dixon, 1988, 5 sept., 5)[117], (Dorozynski, 1988, 5 sept., 4)[118], (Garfield, 1988, 5 sept., 12)[119]

Science Progress (Berezin, 1990, *74*, 495)[120]

Search (Trajstman, 1989, *20*, 14)[121]

Southern Medical Journal (Frenkel, 1989, *82*, 1195-1196)[122]

Thermochemica Acta (Labadie, 1990, *162*, 445)[123]

Thorax (Lane, 1991, *46*, 787-797)[124]

Veterinary Record (Anonyme, 1988, Aug. 13, 1)[125]

Classification des critiques contre l'article de Davenas et al.

Pour analyser le contenu de ces articles, dont la plupart sont crititiques vis-à-vis des expériences sur les hautes dilutions, j'ai classé les fragments de texte en 9 rubriques, de la façon suivante :

a = suggestions d'artefacts

c = prises de position pour ou contre la censure

f = allusions explicites ou implicites à la fraude

h = l'homéopathie comme contexte aux études sur les hautes dilutions

m = méthodologie : critiques explicites ou implicites

p = polémiques, attaques *ad hominem* etc.

r = critiques relatives à la reproductibilité

s = sarcasmes, ironie, jeux de mots, bandes dessinées

t = considérations théoriques

De façon très succincte, voici le résultat de mon analyse, pour chacune de ces rubriques :

Artefacts

Comme je l'ai explicité au chapitre 6 sous la rubrique « Le harcèlement scientifique » et dans l'annexe 7, aucune des huit suggestions qui ont été publiées ne correspond aux résultats présentés par Davenas *et al.* dans leur article.

Censure

Le mot n'est jamais écrit, mais les prises de position sont variées, allant d'une condamnation formelle des procédés utilisés par *Nature* (§19, 20, 36, 61, 91) à une surenchère dans laquelle deux auteurs suggèrent des raids dans les laboratoires de recherche pour détecter les fraudes et les pratiques non scientifiques (§64, 76).

Fraude

Ce thème est analysé dans le chapitre 7.

L'homéopathie

La plupart des auteurs utilisent le lien avec l'homéopathie pour tenter de discréditer les expériences, y compris par des arguments relatifs aux sources de financement (§20, 21, 50, 72), ou mettent en garde contre le danger de rendre l'homéopathie respectable (§13, 23, 37, 80). Quelques autres, par contre, soulignent le fait que les expériences homéopathiques représentent un défi scientifique qui mérite mieux que des sarcasmes (§63, 81).

Méthodologie

La quasi-totalité des articles ne font que reprendre les critiques de Maddox, Stewart et Randi, en particulier celle d'un contrôle statistique insuffisant. La question des critiques statistiques a été traitée dans l'annexe 8 et dans la partie du chapitre 6 intitulée « L'usage pervers de la statistique ».

Polémique

J'ai classé dans cette rubrique l'erreur d'un auteur qui prétend que l'équipe de *Nature* aurait passé trois semaines dans le laboratoire de Benveniste ([1]) (au lieu de cinq jours) et quelques attaques personnelles telles que « Benveniste's egocentric remark nothwithstanding » ([22]).

Reproductibilité

Avec les erreurs statistiques, l'argument de la non-reproductibilité est l'argument technique qui est le plus souvent repris. Les critiques relatives à la reproductibilité ont été analysées dans le chapitre 6 à propos des simulacres de reproduction et dans l'annexe 6.

Sarcasmes

Dans le tableau 7.1, j'ai présenté une liste de titres et les légendes de trois dessins humoristiques. Le compte-rendu sarcastique de *Lancet* a été reproduit dans la section du chapitre 7 consacrée à la rumeur de fraude. J'ai également cité la référence à la licorne, reprise par plusieurs auteurs, ainsi que la référence à Lewis Carroll par Metzger.

Théorie

La question des critiques qui ont été publiées est traitée à la fin du chapitre 7.

TABLE

ANNEXES

*La composition de cet ouvrage
a été réalisée par Nord Compo,
l'impression et le brochage ont été effectués
sur presse CAMERON dans les ateliers de B.C.A.,
à Saint-Amand-Montrond (Cher),
pour le compte des Éditions Albin Michel.*

*Achevé d'imprimer en octobre 1994.
N° d'édition : 13910. N° d'impression : 94/784.
Dépôt légal : octobre 1994.*